KB261427

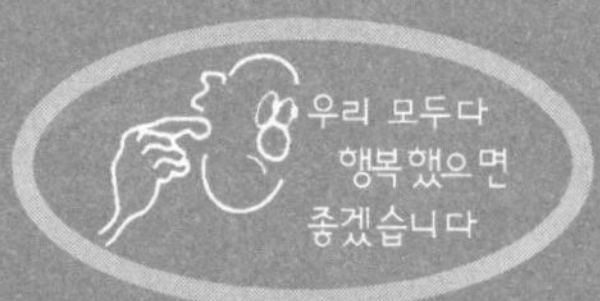

우리 모두다
행복했으면
좋겠습니다

나무를 든든하게 심는

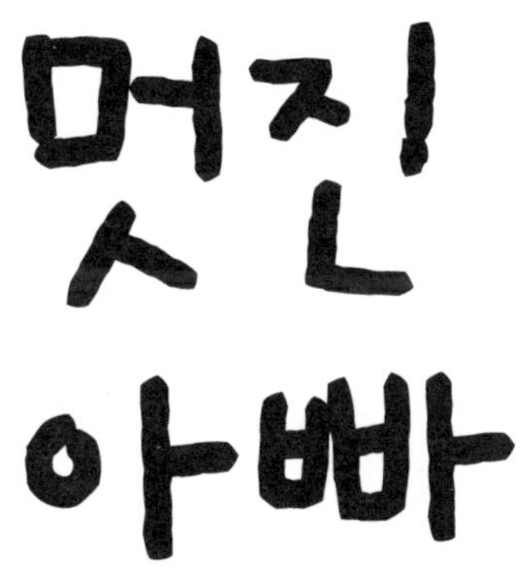

멋진! 아빠

로버트 스트랜드 지음 · 박동환 옮김

그리스도의 보혈이 스며 있는 책

THE POWER OF FATHERHOOD
by Robert Strand

Published By EVERGREEN PRESS
ISBN 1-58169-095-9

Translated and Published by Permission
이 책은 저자 혹은 출판사의 허락을 받아 번역 · 출판합니다.

주님은 나의 피난처시요,
원수들에게서 나를 지켜 주시는 견고한 망대이십니다
시편 61편 3절

평강의 주께서

친히 때마다 일마다 평강을 주시기를

기도하며 특별히

________________________ 님께

이 소중한 책을 드립니다.

차례

오늘날 아버지의 위치는 조롱받는 지경에까지 처하게 되었습니다. 시트콤 같은 데에서 전형적으로 묘사되고 있는 아버지의 모습을 살펴보십시오. 대개 아버지는 총명한 아이들과 능력 있는 아내의 조롱의 대상이 되는 것은 물론이고, 아무것도 몰라서 실수만 하거나 그저 맷집만 좋고 별로 쓸모 없는 인간으로 그려지고 있습니다. 또 이혼을 했거나 사업상의 문제로 '부재중인' 아버지의 모습이 그려지는 경우도 허다합니다.

우리 아이들이 이 사회의 건강한 시민으로 양육되기 위해서는 아버지들이 아버지로서의 정당한 자리를 찾아야 합

니다. 아버지가 아이들의 인생에 얼마나 중요한 역할을 담당하
는지 그 본래의 역할을 회복해야 합니다.

아버지로서 감당해야 할 책임을 학교나 교회, 국가, 심지어 어
머니에게 전가시켜버리고 아버지는 아이들의 문제에 신경을 끊
어도 된다는 생각은 아주 잘못된 것입니다. 아버지의 역할을 대
신해 줄 수 있는 것은 아무것도 없습니다. 이 책을 통해 아버지
들이 가족과의 새로운 관계를 재점검하는 데 도움이 되는 지침
을 얻을 수 있기를 간절히 바랍니다.

이 책의 구성은 독특합니다. 이 책에서 제시하는 대로 한
걸음씩 전진해 나가보십시오. 한 장을 읽고, 생각하고, 발

견한 진리를 다음 장으로 넘어가기 전에 실천에 옮겨보십시오. 이 책을 가지고 다니면서 시간이 날 때마다 읽으십시오.

이 책을 통해 즐거움을 찾으시기 바랍니다. 이 책을 읽고 그 내용이 도움이 되었다면, 다른 사람들에게도 권해 주시기 바랍니다.

로버트 스트랜드

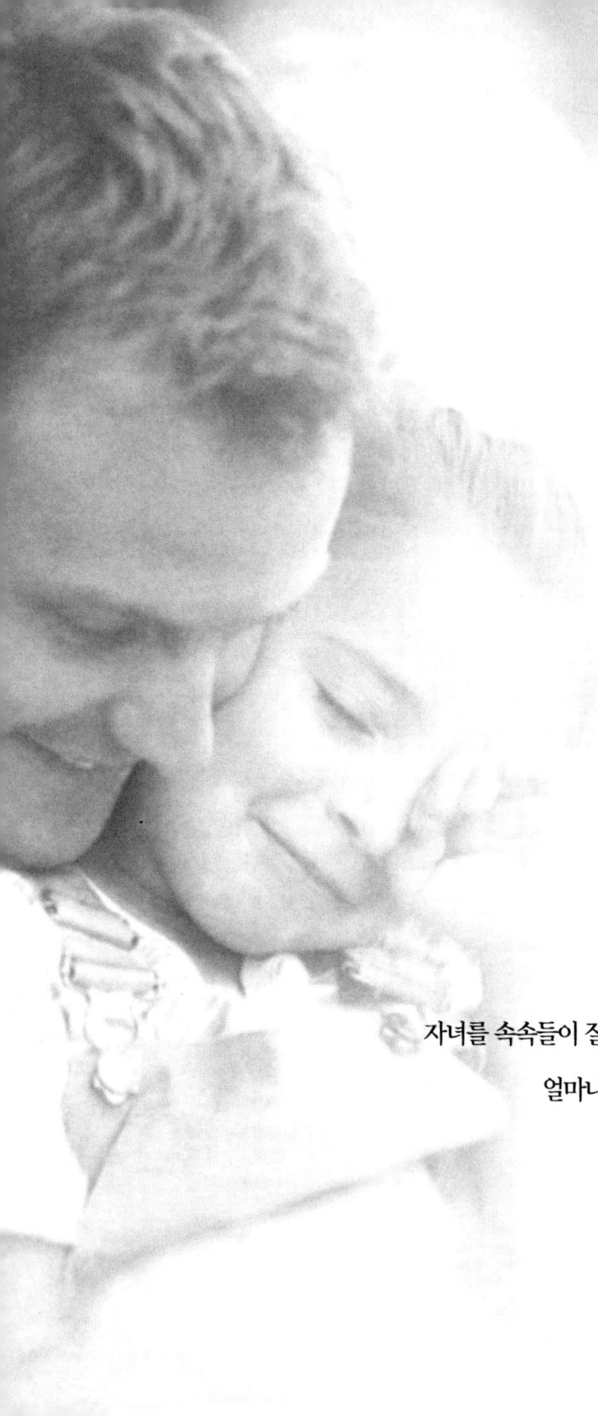

자녀를 속속들이 잘 알고 있는 아버지는

얼마나 지혜로운 사람인가!

Chapter 1

무조건적인 사랑

어떤 가족이 교회에 새로 오신 목사님과 사모님을 주일 저녁 식사에 초대하였다. 엄마는 완벽하게 손님을 접대하려는 생각으로 미리 두 아이들에게 어떻게 행동해야 하는지를 교육시켰다. 감자는 어떻게 건네며, 손님을 맞을 때는 어떻게 행동해야 하고, 어떤 경우에 어떤 포크를 사용하는지 등을 세세히 가르쳤다. 엄마는 작은 것 하나라도 소홀히 여기지 않고 꼼꼼하게 준비했다. 아빠는 세심하게 손님 맞을 준비를 하는 엄마에게 미소를 지어 보였다.

마침내 그날이 다가왔다. 식사시간에 맞추어 요리도 완벽하게 준비되었다. 흰 테이블보가 깔린 식당으로 모두 모였다. 가장 좋은 도자기와 크리스털 잔, 그리고 순은으로 만든 그릇이 테이블 위에서 빛나고 있었고, 한가운데에는 꽃으로 만든 장식이 놓여 있었고, 그 장식 양옆으로는 키가 큰 양초가 불을 밝히고 있었다.

아빠가 감사 기도를 올렸다. 그런데 기도가 끝난 후에 9살 난 딸아이가 냉차가 든 잔을 잡으려고 손을 내밀다가 그만 잔을 엎지르고 말았다. 설상가상으로 이번에는 딸아이보다 두 살 어린 남동생이 그것을 치우려고 일어나려다가 자기의 잔까지 엎지르고 말았다!

열심히 준비한 엄마가 얼마나 상심했을까? 모든 사람들이 숨을 죽인 채 당혹스러운 심정으로 엄마를 쳐다보았다. 엄마는 손님맞이 준비를 완벽하게 해 놓을 정도로 애를 썼지만, 한 순간에 모든 게 엉망진창이 돼버리고 말았다. 평화스럽던 가정에 폭풍이 휘몰아칠 것처럼 보였다. 딸아이의 얼굴은 금방이라도 울음을 터뜨릴 것만 같았다.

이 때, 아빠가 보란 듯이 자신의 냉차 잔을 테이블 위에

엎어버렸다. 목사님과 사모님도 재빨리 그 뜻을 알아채고 자신들의 잔을 똑같이 엎어버렸다. 그러자 엄마도 어쩔 수 없다는 듯 허탈하게 한숨을 내쉬고는 자신의 잔을 엎어버렸고, 온 가족과 손님은 모두가 다 크게 웃기 시작했다!

아빠는 옆자리에 앉은 딸아이를 내려다보며 딸에게 다정하게 윙크를 했다. 당황하여 벌겋게 얼굴이 상기된 딸아이도 이에 답하기라도 하듯이 억지 웃음을 지어보였다. 딸이 아빠에게 윙크를 하려고 한 쪽 눈을 살짝 감았을 때, 딸의 눈망울에서는 눈물이 흘러나와 뺨을 적셨다. 딸아이는 가장 당혹스러운 순간에 자신의 편이 되고, 자신과 함께 있어 줄 사랑하는 아빠가 있다는 것을 깨닫고 너무나 고마운 마음에 아빠를 꼭 껴안았다.

오늘날과 같이 기술은 발달하였지만 따뜻한 사랑이 줄어든 시대에 꼭 필요한 것이 있다면 그것은 바로 무조건적인 사랑이다.

내가 정의하는 사랑은 이런 것이다.

사랑은 우리가 예수 그리스도와 맺은 관계에 자극을 받아 타인에게로 향하게 되는 마음과 행동이며, 마음 속으로 어떠한 대가도 바라지 않고 순수하게 베푸는 것이다.

'아버지'라는 말에서 가장 우선적으로 떠올려야 할 덕목은 바로 사랑이다! 사랑을 대신할 수 있을 만큼 유용한 덕목은 없다. 오늘날의 모든 아이들이 사랑이 절대적으로 결핍된 상태에 있다. 특히 아버지의 사랑은 더욱 절실하게 필요하다.

엘레인 헤네이건(Elaine Hanagan)은 다음과 같이 말한 바 있다.

"아이들을 키운다는 것은 물에 젖은 비누를 쥐고 있는 것과 같다. 너무 세게 쥐면 으깨져 버리고, 너무 느슨하게 쥐면 손에서 빠져나가 버린다. 부드럽고도 단단히 붙잡아 둘 수 있을 때만 당신의 뜻대로 다룰 수 있다."

"부드럽고도 단단히 붙잡아 두는" 비결은 바로 무조건적인 사랑이다!

사랑은 오래 참고, 친절합니다. 사랑은 시기하지 않으며, 뽐내지 않으며, 교만하지 않습니다. 사랑은 무례하지 않으며, 자기의 유익을 구하지 않으며, 성을 내지 않으며, 원한을 품지 않습니다. 사랑은 불의를 기뻐하지 않으며, 진리와 함께 기뻐합니다. 사랑은 모든 것을 덮어 주며, 모든 것을 믿으며, 모든 것을 바라며, 모든 것을 견딥니다(고전 13:4-7).

powerpoint

아버지로서 자녀에게 어떤 행동을 보이고 있는지 목록을 만들어보십시오. 그 행동들이 사랑에서 우러나온 것입니까? 아이들이 필요로 하는 사랑스러운 아버지가 되기 위해서 가장 먼저 해야 할 일은 사랑의 원천이신 하늘의 아버지와 바른 관계를 맺는 것입니다.

방 안에서 자기 아이들을 위해

장난감 기차를 매만지며

삼십 분 이상을

허비할 수 있는 남자는

어떤 남자든 사실상 악한 사람이 아니다.

스트라빈스키

Chapter 2

동정심의 결과

아이오와에 있는 한 슈퍼마켓 창고에서 일하는 쿠르티스는 선반에 물건을 채워 넣느라고 바쁘게 움직이고 있었다. 그때 스피커에서 4번 계산대로 물건을 가져다 달라는 소리가 들려왔다. 쿠르티스는 창고에서 할 일을 거의 다 마쳐가고 있었기에, 이제 맑은 공기도 쐴 겸 물건을 싣고 밖으로 나갔다. 계산대에 가까이 갔을 때, 자신을 바라보며 따뜻한 미소를 보내고 있는 새로 온 아가씨가 눈에 띄었다. 정말 아름다운 아가씨였다! 그녀는 그보다 한두 살 정도 나이가 많아 보였지만, 그녀의 눈빛과 미소가 예사롭지 않아 그의 마음은 자연스레 그녀에게 끌렸다. 바로 그 순간부터 그는 사랑에 빠지기 시작했던 것이다.

그날 근무시간이 끝나고 나서 쿠르티스는 그녀의 이름이라도 알아보고 싶어서 근무기록계 옆에서 기다리고 있었다. 휴게실 안으로 들어와 근무기록계에 체크를 한 그녀는 그를 바라보고서 다시금 부드러운 미소를 보냈다. 그녀가 밖으로 나간 후 그는 방금 전에 체크한 카드를 꺼내 보고서 그녀의 이름이 브렌다임을 알았다. 그는 급히 가게를 빠져나와 길을 걷고 있는 그녀의 뒷모습을 하염없이 바라보았다.

다음 날 그는 그녀가 슈퍼마켓에서 나올 때까지 밖에서 기다리다가 집까지 바래다 주겠다고 제의했다. 선해 보이는 그의 얼굴을 보고 그녀도 흔쾌히 받아들였다. 그녀를 집까지 바래다 주고 그녀와 헤어질 때, 그는 설레는 마음으로 그녀에게 정식으로 데이트를 신청했다.

그러나 그녀는 단번에 거절을 했다. 사정이 여의치 않다는 것이었다. 그는 왜 그런지 이유를 설명해 달라고 채근했다. 결국 그녀는 자신에게는 두 명의 자녀가 있으며 따로 보모를 둘 형편이 되지 않기에 시간을 낼 수 없다고 말했다. 그가 그 금액의 절반을 부담하겠다고 제의하자, 그녀는 마지못해서 데이트 약속을 잡았다.

약속한 토요일 밤, 쿠르티스는 그녀를 데리러 그녀의 집 앞으로 갔지만, 오기로 약속했던 보모가 방금 전 전화로 약속을 취소하는 바람에 그녀는 밖으로 나올 수 없었다. 하지만 쿠르티스는 크게 개의치 않았다. 그리고는 태연하게 말했다. "좋습니다. 아이들과 함께 나가면 되지요."
그녀는 아이들을 데리고 나가면 보통 신경이 쓰이는 일이 아니니 아무래도 데이트를 취소해야겠다고 설명했지만, 이번에도 그는 그녀의 안 된다는 대답을 받아들이려 하지 않았다. 할 수 없이 브렌다는 그를 집 안으로 데려와 아이들을 소개시켜 주었다. 그녀에게는 귀여운 딸아이와 휠체어에 앉아 있는 아들이 있었다. 그 아이는 태어나면서부터 하반신을 쓸 수 없었고, 다운증후군 증세도 있었다.
쿠르티스가 아이들과 인사를 나누고 난 뒤에 말했다.

"난 왜 아이들이 우리와 함께 밖으로 나갈 수 없다는 것인지 이해하지 못하겠군요."

브렌다는 이 말을 듣고 상당히 놀랐다. 아이들 아버지와 함께 살았던 그녀의 경험에 의하면 대부분의 남자들은 아이를 둘씩이나 거느린 여자를 별로 좋아하지 않았고, 특히 한 아이가 장애아라면 그 정도는 더욱 심했다. 아이들 아버지는 작은 아이를 치료할 수 없다는 사실을 알고 나서 아내와 아이들을 떠나버렸던 것이다.

결국 브렌다는 쿠르티스의 제안을 받아들였다. 그들은 아이들을 차에 태우고 밖으로 나가서 저녁식사도 하고 영화구경도 하며 즐거운 시간을 보냈다. 작은 아이에게 무엇인가 필요한 일이 있으면 쿠르티스가 도맡아서 도와 주었다. 화장실에 갈 때에도 쿠르티스는 아이를 휠체어에서 내려 안고 갔다. 그날 밤 아이들은 쿠르티스에게 완전히 빠져버렸다. 브렌다도 그날 밤이 다 지나기 전에 바로 이 사람이야말로 자신의 나머지 인생을 의지하며 살 사람이라고 생각하게 되었다.

그로부터 1년 후, 그 두 사람은 결혼하게 되었고 쿠르티스는 두 아이를 자신의 아들과 딸로 받아들였다. 결혼 후에 그들에게 두 아이가 또 생겼다. 창고에서 일하던 청년과 계산대에서 계산원으로 일하던 아가씨, 두 사람에게 그 후에 어떤 일이 생기게 되었을까?

쿠르티스 부부는 지금 미조리의 세인트 루이스에 살고 있다. 쿠르티스는 그 곳에서 미축구연맹(NFL, National Football League)에 소속된 세인트 루이스 램즈팀의 쿼터백으로 활약하는 스타가 되었다. 게다가 미축구연맹의 MVP로 선출되는 영광을 누리기도 했다. 램즈가 34회 슈퍼볼 대회에서 우승했을 때와 36회 대회에서 3점차로 아깝게 우승을 놓쳤을 당시 램즈팀의 쿼터백은 바로 쿠르티스였다.

쿠르티스는 이런 말을 한 적이 있다.

"내 인생에 있어서 가장 즐거웠던 때는 슈퍼볼 대회에서 우승했을 때가 아닙니다. 프로대회에서 선수생활을 했을 때도 아니고, 슈퍼볼대회에서 MVP로 선정되었을 때도 아니었습니다. 바로 예수님을 내 마음 속에 처음으로 모셨을 때가 가장 즐거운 시간이었습니다. 지금 나는 하나님의 뜻에 따라 살며, 다른 사람들에게 하나님을 증거하며 사는 데 최고의 목적을 두고 있습니다."

쿠르티스는 예수님을 진정으로 알았을 뿐만 아니라 자신의 주변에 있는 사람들에게 주님의 사랑과 동정심을 실천으로 옮겼다. 사전적인 의미에 따르자면 '동정심'이란 '타인의 고통이나 불행을 보고 깊은 연민이나 슬픔의 감정을 느끼며, 그 고통을 완화시켜 주거나 그 원인을 제거해 주려는 간절한 바람'이다. 바로 그러한 부드러운 마음과 자애심이 자녀를 키우는 모든 아버지들에게 절실히 필요하다. 그것은 아버지들이 이제껏 벌어들인 돈보다도, 혹은 자녀들에게 준 그 어떤 선물보다도 훨씬 가치 있는 것이다.

자비한 사람은 복이 있다. 그들이 자비함을 입을 것이다(마 5:7).

powerpoint

진정한 동정심과 부드러운 마음을 타인에게 보여 줄 수 있는 사람이 진짜 남자 중의 남자라고 할 수 있습니다. 당신은 어떻습니까?

"어린아이를 도우려 할 때는 무릎을 구부려야 한다."
피타고라스 봉사단

Chapter 3

벽에 쓴 낙서

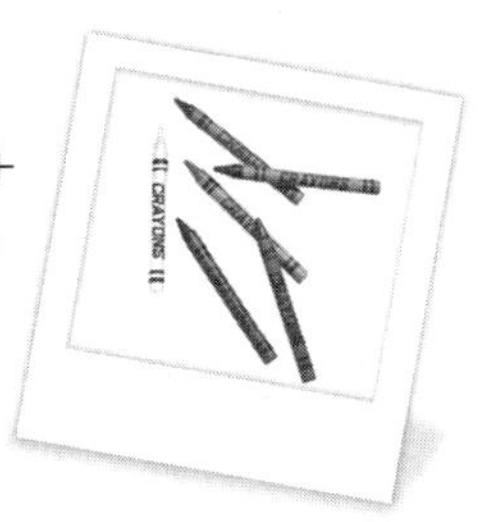

우리의 마음을 적셔 주는 글을 한 편 소개하겠다.

피곤에 지친 아버지가 철물가게에서 돌아와,

사온 물건을 들고서 부엌문으로 들어왔네.

8살 난 꼬마아이가 아버지를 기다리며,

동생이 한 일을 어떻게 말할까 궁리하고 있었네.

"밖에서 놀고 있을 때 엄마가 불러서 들어왔더니,

동생이 크레용으로 벽에 낙서를 해 놓았어요!

아빠가 얼마 전 서재에 붙여 놓은 새 벽지에다요.

나는 그 녀석에게 '또 그런 일을 하다니. 너 이제 큰일났다'

하고 말했어요."

아빠는 얼굴에 주름을 잡았네.
"네 동생은 지금 어디에 있는 거냐?"
아빠는 손에 든 것을 내려놓고는
아이를 혼내 주려고 작심이라도 한 듯
작은 아들이 숨어 있는 작은방으로 성큼성큼 걸어갔네.

아빠는 문을 열며 작은 아들의 이름을 불렀다네.
작은 아들은 이제 무슨 일이 벌어질지 짐작하고서는
무서워 떨었다네!
한 10여 분 동안 아빠는 고래고래 소리치며
얼마나 힘들게 벽지를 발랐는지 흥분해서 말했다네.

이제 벽지를 다시 발라야 할 판이라고 투덜대며
아빠는 작은 아들이 한 행동을 나무라기만 하였다네.
아빠는 아이를 나무랄수록 더욱 더 화가 치밀었다네.

아빠는 마음이 상한 채

무거운 발걸음을 이끌고 방을 나갔다네.

아빠는 두려운 일을 확인이라도 하려는 듯 서재로 향했다네.

하지만 아빠가 벽을 보았을 때

그만 두 눈에서 눈물이 쏟아졌다네.

벽에 쓴 내용은 마치 화살과 같이

아빠의 영혼 속으로 빠져 들어왔다네.

"난 아빠와 엄마를 사랑해요."

하트 모양 안에

이런 내용의 낙서가 있었다네.

그 벽지는

지금까지 그대로 남아 있고,

그 둘레에는 온 가족의 얼굴이 담긴 액자가 둘러 있다네.

아빠에게, 그리고 우리 모두에게 영원히 기억되도록….

벽에 쓴 낙서를 읽기 위해

우리 모두 가보기로 할까나!

-작자 미상

당신을 좀 더 훌륭한 아버지로 만들어 주는 것은 당신의 입을 통해 나오는 말인가, 아니면 귀를 통해 듣는 것인가? 보통 우리는 말을 함부로 하는 경향이 있는데, 특히 아이들에게는 더 아무렇게나 말을 내뱉는다. 말을 할 때 좀 더 현명하게 하려고 노력하지만, 말처럼 쉽지 않다. 먼저 당신의 귀를 사용하여 남의 말을 잘 듣는다면 당신은 좀 더 훌륭한 아버지, 좀 더 멋진 사람이 될 수 있을 것이다. 당신이 적절한 질문을 던지고 그 답변을 듣는 것만으로도 아이들을 키우는 데 일어날 수 있는 여러 가지 문제점들을 피해갈 수 있고, 아이들을 제대로 인도할 수 있다. 아이들의 말에 귀를 기울일수록 더욱 흥미를 느끼게 되고, 당신의 삶에서 아이들과 역동적인 관계를 지속해나갈 수 있는 기회를 보다 더 많이 얻을 수 있을 것이다.

당신은 진지한 마음으로 다른 사람의 말을 경청할 준비가 되어 있는 사람인가? 그저 말할 차례만을 기다리고 있지는 않은가? 너무도 많은 아버지들이 듣는 것을 성가시게 여긴다. 그것은 아버지 자신의 자아를 내세우기 위해 스스로 대화의 중심에 서서 자신에 대해 말하려는 강한 충동에서 비롯된다. 사실 말하고 듣는 사람들 간에 정해진 적절한 규칙이라는 것은 없지만, 나는 여러분에게 '말하기 30%, 듣기 70%'이라는 공식을 제시하고자 한다. 이를 구체적으로 실천해본다면 놀라운 결과를 얻게 될 것이다.

서술식이나 명령조로 하는 말은 아이들을 당신에게서 멀어지게 할 뿐이지만, 질문을 던지는 식의 어투는 아이들의 관심을 유도할 수 있다. 아이들의 말을 더 많이 들어 준다면 분명 당신은 더 좋은 아버지가 될 것이다.

미련한 사람은 명철을 좋아하지 않으며, 오직 자기 의견만을 내세
운다(잠 18:2).

powerpoint

인생을 지혜롭게 살아가는 데 있어 잘 듣는 태도는 습득하
기 어려운 생활자세지만, 훌륭한 아버지로서의 역할을 다하기
위해서는 꼭 필요한 요소 중 하나입니다. 그것은 고된 훈련을
통해서 얻을 수 있는 중요한 생활자세입니다. 지금 당장 듣는
훈련을 시작하십시오!

Chapter 4

양육비 계산법

우리는 오늘날 자녀 한 명을 키우는 데 생각보다 훨씬 많은 비용이 든다는 사실을 익히 잘 알고 있다. 그런데 혹시 그 보상에 대해 생각해본 적이 있는가?

최근 미국 정부는 어린아이 한 명이 태어나서 18세가 될 때까지 드는 양육비를 계산했는데, 무려 160,140달러가 든다고 한다. 이 비용에는 대학 학비나 이와 관련된 기타 경비가 포함되지 않았다.

그러나 이 비용을 자세히 분석해보면, 좌절에 빠질 만큼 많은 액수라고는 말할 수 없다. 이것은 매년 8,896.66달러가 소요된다는 말이며, 한 달에 741.38달러, 한 주에 171.08달러, 하루에 24.44달러가 들어간다는 뜻이다. 한 시간에 1달러가 약간 넘는 돈일 뿐이다!

부자가 되기를 원한다면 당신은 아이를 갖지 않는 것이 최선책일 것이라는 유혹을 받을지도 모른다. 하지만 사실은 그와 정반대이다.

자, 이제 160,140달러를 지불하고 우리가 얻을 수 있는 것이 무엇인가 생각해보자.

무엇보다 당신은 이제 갓 태어난 아이의 이름을 지을 권리를 받게 된다. 매일 아이를 통해 하나님을 바라볼 수도 있다. 매일 밤 이불 속에서 킥킥거리며 웃을 수도 있다. 주체할 수 없을 정도로 사랑하는 마음을 가질 수도 있다. 아이와 멋진 키스도 할 수 있고, 세상에서 가장 부드러운 몸을 안을 수도 있다. 바위나 개미, 개구리, 벌레, 구름, 그리고 따끈한 쿠키 같은 것에 놀라운 경이감을 나타내는 것을 볼 수 있다. 잼으로 범벅이 된 손으로 다른 무엇인가를 쥐려는 아이의 손을 볼 수도 있다. 풍선 불기나 연 날리기, 모래성 쌓기 놀이의 파트너를 얻게 되며, 비가 내리는 보도 위를 함께 뛰어갈 수도 있다. 사장에게 무슨 소리를 들었든지, 당신이 소유한 주식 가격이 당일에 어떻게 변했든지 간에 함께 웃을 수 있는 사람이 생기게 되는 것이다.

160,140달러만 지불하면 당신은 어른이 되지 않아도 된다. 손가락에 색칠을 할 수도 있고, 호박을 가지고 얼굴 모양을 만들어 놀 수도 있고, 숨바꼭질도 할 수 있으며, 반딧불이를 잡으려고 정신없이 뛰어다닐 수도 있고, 시시각각으로 변하는 구름을 넋을 잃고 쳐다볼 수도 있다. 수지 박사님(미국의 저명한 어린이 교육프로그램 개발자―역자 주)과 함께 재미있는 공부를 할 수도 있고, 토요일 아침마다 만화영화를 볼 수도 있고, 디즈니 영화관에 갈 수도 있고, 별을 바라보며 소원을 빌 수도 있다. 냉장고 자석판을 이용해 무지개나 하트 모양, 혹은 꽃을 만들어볼 수도 있다.

160,140달러만 지불하면 당신 자랑을 아이들에게 마음

껏 늘어놓을 수 있는 즐거움을 맛보게 된다. 아이들이 원반던지기 놀이를 하다가 자동차 차고 지붕 위로 던져버린 플라스틱 원반을 가져다 주거나, 자전거 휠이 휘어진 것을 바로잡아 줌으로, 혹은 손에 박힌 가시를 뽑아 주거나 개울을 쉽게 건너감으로써, 또 풍선껌을 커다랗게 잘 불어서 아이들에게 영웅 대접을 받을 수도 있다. 혹은 야구게임의 코치로 데뷔할 수도 있고, 만약 진다 하더라도 아이스크림을 아이들에게 사 주면서 아이들의 환호성을 들을 수도 있다. 자동차 뒷유리에다가 '아이가 타고 있어요!' 라는 글씨판을 붙여 놓는다면 우선적으로 대접을 받을 수도 있다.

160,140달러만 지불하면 당신은 영원히 살 수 있다! 당신의 족보에 자녀들의 이름이 실리게 되고, 언젠가 당신이 죽는다 하더라도 후손들에 의해 당신의 이름이 기억될 것이다. 당신의 자녀와 손자 손녀들과 그 후손들 속에서 당신은 살아남게 되는 것이다.

자녀의 눈에 비치는 당신은 바로 하나님 다음가는 권위

를 지닌 존재이다! 당신은 아이들의 가벼운 타박상을 손쉽게 치료하거나, 침대 밑에 숨어 있는 괴물을 물리치거나, 아이들의 쓰라린 마음의 상처를 어루만져 줄 수 있다. 천둥이 몰아칠 때 아이들을 꼭 안아서 두려움을 내쫓거나, 아이들이 따돌림을 당할 때 그들을 위로해 주거나, 파자마 파티(10대 소녀들이 친구 집에 모여 파자마 바람으로 밤새워 노는 모임-역자 주)를 단속하거나, 생일잔치를 열어 주거나, 필요하다면 주말에 아이들을 위해서 특별 휴가 계획을 세우는 등 모든 권한을 행사할 수 있게 된다.

무엇보다도 중요한 점은 자녀를 무조건적인 사랑으로 품어 안음으로써 언젠가 그 아이들도 다른 사람들에게 당신처럼 대가를 바라지 않는 사랑을 베풀어 줄 수 있게 된다는 점이다. 이 모든 좋은 일들이 겨우 160,140달러만 지불하면 얻을 수 있는 것들이다.

손자는 노인의 면류관이요, 어버이는 자식의 영광이다(잠 17:6).

powerpoint

오랫동안 우리는 자녀를 양육하는 데 드는 비용과 그 부정적인 측면만을 보아왔습니다. 지금은 부모가 되는 즐거움과 축복에 우리의 관심사를 돌릴 때입니다.

Chapter 5

시도하라!

1992년 8월 3일, 스페인 바르셀로나 올림픽이 열리던 월요일 밤이었다. 운동장에서는 400미터 준결승 경주의 출발을 알리는 총소리가 들려왔다. 영국의 데릭 레드몬드는 100미터 정도 질주했을 때, 오금이 저려와서 더 이상 뛰지 못하고 트랙에 주저앉고 말았다. 의료진이 다가가 그를 도우려 했지만, 그는 이를 거부하고 계속 넘어지면서도 발을 질질 끌며 레이스를 완주하려고 필사적인 노력을 다했다.

4년 전, 대한민국에서 88 서울 올림픽이 열리던 때도 그는 출전했었다. 하지만 예선 1회전이 시작되기 90분 전에 아킬레스건에 문제가 생겨 시합을 포기해야만 했다. 부상당한 다리를 고치기 위해 그는 5번이나 수술을 받아야 했고, 결국 1992년 올림픽에 출전할 수 있는 자격을 얻게 된 것이었다.

그런데 예선전을 치르는 동안 그의 상처는 이제 선수생활을 더 이상 할 수 없을 정도까지 악화되었다. 하지만 그는 자신에게 이렇게 말했다.

"나는 멈추지 않는다! 최소한 이 경기는 다 마치겠다!"

그는 고통스러운 표정을 지으며 한쪽 발만을 의지한 채 트랙을 밟아갔지만, 또다시 넘어졌다.

관중석 위에서 티셔츠에 테니스화를 신고, 머리에는 '시도하라!' (JUST DO IT!)라는 문구가 있는 나이키 모자를 쓰고 있던 덩치 큰 사람이 안전요원을 제치고 경기장 울타리를 뛰어 넘어 데릭의 옆으로 다가가 그를 껴안았다. 그는 데릭의 아버지 짐 레드몬드였다.

짐은 육상선수인 아들을 후원하기 위해 생활 습관마저 바꾸어버린, 정말 특별한 후원자였다. 그는 자신의 직업을 바꾸고, 아들이 필요한 훈련이나 지도를 받을 수 있는 곳으로 이사하면서까지 아들을 적극적으로 후원하였다. 아버지의 팔은 아들의 허리를 감고, 아들의 팔은 아버지의 어깨에 의지한 채 그들은 천천히 트랙을 돌았다. 이번이 올림픽에 참가하는 마지막 기회였기 때문에 아버지와 아들은 어떤 일이 있더라도 완주할 것이라고 사전에 서로 다짐했었다.

관중들은 손에 땀을 쥐고 발을 동동 구르면서 환호했으며, 우는 사람들도 있었다. 데릭과 아버지는 함께 천천히 트랙을 완주하여 결승선을 통과하였다.

이 얼마나 아름다운 광경인가!

우리는 다른 사람들, 특히 자녀들과의 관계 속에서 여러 가지 놀랄 만한 부수적인 효과를 건지게 되는 경우가 많이 있다. 특별히 '하나님을 체험하는 순간' 이라고 부를 수 있는 놀라운 기쁨의 순간도 있다.

다른 사람들에게 아버지의 역할을 대신 하도록 맡기는

것은 쉬운 일이다. 유용한 도움을 주는 선생님들이 있고, 필요한 기술을 가르쳐 주는 코치가 있으며, 말씀을 가르쳐 주는 주일학교 선생님도 있다. 이 모든 것들이 자녀의 양육에 있어서 필요한 것이지만, '외야석에 앉아만 있지 않고' 적극적으로 나서서 자녀를 도와 주는 아버지의 역할을 대신할 수 있는 것은 아무것도 없다.

아버지들이여, 이제 외야석에서 나오라! 지금은 아이들을 그저 지켜보기만 할 때가 아니다!

때로 아이들은 당신의 말에 한두 가지 이의를 제기할지도 모르지만, 당신의 말과 행동이 일치하고 있다는 것을 아이들이 깨닫게 된다면 자녀들은 당신을 전적으로 신뢰하게 될 것이다!

너의 손에 선을 행할 힘이 있거든, 도움을 청하는 사람에게 주저하
지 말고 선을 행하여라(잠 3:27).

powerpoint

지금은 아이들이 결승점을 통과하도록 돕기 위해 관중석에
서 뛰쳐나와 운동장으로 들어가야 할 때입니다. 아이들이 목
표를 달성하도록 돕는 과정을 통해 당신은 영원토록 기억에
남을 소중한 기억을 얻게 될 것입니다.

백 명의 교사보다 한 명의 아버지가

더 소중하다.

영국 속담

Chapter 6

길고도 긴 시간

1초에 1달러씩, 1분에 60달러씩 해서 1조 달러의 지폐를
센다면, 쉬지 않고 센다고 하더라도 32,000년이라는 시간
이 걸린다.

1조라는 단위는 영(zero)이 12개 붙는다. 이런 숫자 단위
는 내가 이해할 수 있는 범위를 넘어선다. 다른 말로 설명
해보도록 하겠다.

미국의 통계자료에 따르면, 최근 아이오와와 오클라호
마, 네브라스카, 켄사스, 미조리의 5개 주에는 570만 가구
가 살고 있다고 한다. 지금부터 인구증가율에 따라 계산해
보는데, 편리하게 계산하기 위해 그냥 6백만을 기준으로
계산하도록 하겠다. 내가 아래에서 언급하는 액수를 전부

더한다면, 그 합계가 1조 달러에 달한다.

▶ 각 가구가 10만 불씩 하는 주택을 구입하는 데 드는 비용 6천억 불
▶ 각 가구에 휴가비용을 포함하여 임의로 사용할 수 있는 돈으로 1만 불씩 지급한다. 지금까지의 합계가 6600억 불
▶ 250개의 시에 각각 도서관과 병원을 하나씩 짓는다. 각각 1천만 불이 들기 때문에 전체 50억 불의 비용이 더 들어간다.
▶ 500개의 지역에 1천만 불씩 들여 학교를 짓는다.
▶ 이제 남은 돈으로 30만 명에게 1백만 달러씩 줄 수 있다.

1조 달러로 내가 할 수 있는 일을 상상해본다면 정말 놀랄 수밖에 없다. 하지만 정부 지도자들은 1조 달러라는 돈이 별로 큰돈이 아닌 것처럼 말한다. 국가의 빚이 이미 수

조 달러에 이른다고 한다. 국민총생산도 수조 달러 단위로
얘기된다.

그렇다면, 이제 시간을 조 단위로 헤아려보도록 하자.
왜 이런 계산을 하는지 궁금한가? 당신은 영원이라는 시
간에 대해 생각해본 적이 있는가? 영원하다는 것은 끝이
없다는 것이다. 우리가 영원히 살게 된다면 1조 년을 살았
다 하더라도 그것은 오랜 시간을 산 것이 아니라 이제 막
살기 시작했다는 의미이다!

그렇다. 영원은 아주 오랜 시간이다. 한 인간이 생명을
부여받으면, 그 생명은 헤아릴 수 없을 정도로 오랜 시간
을 살게 된다. 우리들이 키운 아이들도 영원히 살게 된다.
그래서 좋은 아버지가 된다는 것은 우리에게 조 단위의 길
고 긴 시간의 안목에서 자녀들을 바라보도록 만든다. 우리
가 자녀들에게 심어 주는 훈련과 결심, 성품, 영적 단련 등
은 영원히 아이들에게 영향을 미친다. 이러한 관점에서 자
녀를 양육하게 된다면, 이는 아주 특별한 의미를 가지게

된다.

성경은 다음과 같이 시사점이 많은 질문을 우리에게 던
져 준다.

"사람이 온 세상을 얻고도 제 목숨을 잃으면, 무엇이 유익
하겠느냐?"

이제 이 말을 다음과 같이 조금 바꾸어 생각해보자.

"아버지가 온 세상을 얻고도 제 자녀의 영혼을 잃으면, 무
슨 유익이 있겠느냐? 혹은 제 자녀의 영혼과 맞바꿀 것이
이 세상에 있겠는가?"

오늘 우리의 행동과 생각, 그리고 자녀들에게 하는 말은
영원한 중요성을 띤다. 내가 상상할 수 있는 가장 큰 비극
중의 하나는, 아버지는 천국에서 한 자리를 차지하고 있는
데 자녀는 지옥에서 고통받고 있는 경우이다. 자녀에게 그
저 종교적인 훈련을 시키는 것 이상의 관심을 쏟을 필요가

있다. 우리는 자녀들이 예수 그리스도와의 인격적인 관계
를 발전시켜 나갈 수 있도록 훈련시켜야 한다!

　지금 이미 아버지인 사람들은 성경에서 아버지와 아들
의 관계를 묘사하는 두려운 구절들을 조금이나마 더 이해
할 수 있을 것이다. 이 구절은 너무나 잘 알고 있는 말씀이
지만 다시 한 번 살펴보자.
　"하나님이(아버지가) 세상을 이처럼 사랑하셔서 독생자를
주셨으니, 누구든지 그를 믿으면 멸망하지 않고 영생을 얻
을 것이다!"

　바로 이것은 가족이라는 관계 속에서만 가능한 일이다.
당신은 자녀들을 하늘의 영원한 생명으로 이끌어 주는 유
일한 길이신 예수님을 믿는 신앙으로 인도할 최고의 특권
을 가지고 있다. 이 얼마나 놀랍고도 막중한 책임인가! 사
실, 자녀들이 하늘의 영원한 생명을 누리도록 도와 주는
것이야말로 당신의 가장 귀하고도 긴급한 사안이다!

그래서 예수님은 니고데모에게 "내가 분명히 너에게 말하지만 누구든지 다시 나지 않으면 하나님의 나라를 볼 수 없다"고 대답하셨다. 니고데모가 예수님께 "사람이 늙으면 어떻게 다시 날 수 있겠습니까? 어머니 뱃속에 들어갔다가 다시 태어난다는 말씀입니까?" 하고 묻자 예수님은 이렇게 대답하셨다. "내가 분명히 말해두지만 누구든지 물과 성령으로 다시 나지 않으면 하나님의 나라에 들어갈 수가 없다. 육체에서 난 것은 육체이고 성령으로 난 것은 영이다. 너는 다시 나야 한다는 내 말을 이상히 여기지 말아라. 바람은 불고 싶은 대로 분다. 너는 그 소리를 들어도 바람이 어디서 불어와서 어디로 가는지 모른다. 성령으로 난 사람도 다 이와 같다." 그때 니고데모가 "어떻게 이런 일이 있을 수 있겠습니까?" 하고 물었다. 그래서 예수님이 그에게 대답하셨다. "너는 이스라엘의 선생이면서 이런 것도 모르느냐? 내가 사실대로 말하지만 우리가 아는 것을 말하고 본 것을 증거해도 너희는 우리 증거를 받아들이지 않는다. 내가 세상일을 말해도 너희가 믿지 않는데 하늘의 일을 말한다면 어떻게 믿겠느냐? 하늘에서 내려온 나 외에는 아무도 하늘에 올라간 사람이 없다. 모세가 광야에서 뱀을 쳐든 것같이 나도 높이 들려야 한다"(요 3:3-14).

powerpoint

여기까지 이 책을 읽어왔다면, 당신은 분명 자녀 문제에 대해 꽤 고민을 했을 것입니다. 분명히 당신은 자녀들에게 물질적인 것을 한 가지라도 더 해 주려고 노심초사할 것입니다. 그렇다면 이와 마찬가지로 당신의 가족이 누릴 영원한 삶에 꼭 필요한 것들도 준비해 두는 것이 마땅한 일이 아닐까요?

내가 그 사람의 아버지를 알고 있기에,

그대는 내가 그 사람을 알 수밖에 없다고 생각하지 않는가!

칼릴지브란

Chapter 7

누가 낙하산을 챙겨 주었나?

미국 해군사관학교를 졸업한 찰스 플럼은 베트남전 당시 전투기 조종사였다. 75회의 전투 임무를 수행하고 난 후 그의 비행기는 지대공 미사일에 격추당했다. 플럼은 낙하산 버튼을 누르고 적지 속으로 떨어졌다. 그는 결국 적에게 생포되었고, 6년 동안 베트남의 감옥에 갇혀 있었다. 호된 시련을 겪고서도 살아남은 그는 지금은 전국을 돌아다니며 당시의 경험을 통해 깨달은 바를 전하고 있다.

어느 날 플럼과 그의 아내가 레스토랑에 앉아 있었을 때, 다른 테이블에서 한 사람이 건너와서 말을 건넸다. "플럼 씨 맞죠! 항공모함 키티호크호에서 베트남전에 투

입된 전투기를 조종하였고, 끝내 추락하고 말았던 그분 맞죠!"

"도대체 당신이 어떻게 그 일을 알고 있습니까?" 플럼이 물었다.

"내가 바로 당신의 낙하산을 챙겨 넣어 준 사람입니다." 그 사람이 대답했다.

플럼은 놀라서 숨을 크게 내쉬고는 고맙다고 말했다. 그 사람은 그의 손을 잡고 연신 흔들면서 말했다. "낙하산이 제대로 펴질 줄 알았습니다!"

플럼은 감사한 마음을 표현하며 이를 확인시켜 주었다. "낙하산은 잘 펴졌습니다. 낙하산이 제대로 펴지지 않았다면 제가 지금 이 자리에 있지 못했을 것입니다."

그날 밤 플럼은 그 사람을 생각하며 제대로 잠을 이루지 못했다. 그는 "그 사람이 흰 모자를 쓰고, 멜빵 달린 작업복과 통이 큰 바지를 입은 전형적인 해군 복장을 하고 있었다는 점에 저는 놀라지 않을 수 없었습니다. 그 사람을 수차례나 보았지만, 그저 그가 관리병으로 일하는 사람이고 나는 전투기 조종사였기 때문에 그에게 인사조차 하지 않았습니다” 하고 말했다.

플럼은 항공모함 내부의 긴 나무 테이블 위에서 낙하산을 한 올 한 올 정비하느라 오랜 세월을 보낸 그 사람에 대해 생각해보았다. 매번 낙하산을 수리하면서 그 사람은 자신이 알지도 못하는 누군가의 운명을 결정짓고 있었던 것이다.

이제 플럼은 가는 곳마다 사람들에게 묻는다.

“누가 당신의 낙하산을 챙겨 주었습니까?”

또 플럼은 그의 전투기가 적지에 떨어졌을 때, 여러 종류의 낙하산이 필요했다는 점도 잊지 않고 말한다.

눈에 보이는 물질적인 낙하산 외에도 그에게는 정신적인 낙하산, 감성적인 낙하산, 그리고 영적 낙하산이 필요했던 것이다. 그가 안전하게 돌아오기까지는 이 모든 낙하산들의 지원이 꼭 필요하였다.

가족을 부양할 때 이런 관점에서 바라보는 것이 유익한 방법이 될 수 있지 않을까? 찰스 플럼의 경험은 우리에게 시사하는 바가 크다. 우리 자녀들 앞에 놓인 도전을 자녀들이 감당해내도록 다각도로 자녀들을 준비시켜야 한다.

당신은 가족을 위해 얼마나 많은 낙하산을 준비하고 있는가? 그들 앞에 폭풍이 몰아쳐 오거나 적군을 만나게 될 때 이를 헤쳐나갈 수 있도록 준비시켜 주고 있는가? 이런 난관은 항상 인생 가운데 즐비하게 널려 있기 마련이다. 그러므로 이에 대한 대비를 철저히 해 두어야만 한다. 가족에게 필요한 낙하산을 미리 잘 준비해 둔다면, 그 낙하산으로 인해 가족들의 안전은 확보될 것이다.

형제 자매 여러분, 일상 생활에서 예를 들어서 말하겠습니다. 사람 사이에 한 번 언약을 맺으면 아무도 그것을 무효로 하거나 거기에 다가 어떤 것을 덧붙일 수 없습니다. 그런데 하나님께서 아브라함과 그 자손에게 약속을 하여 주실 때에 여러 사람을 가리키는 말로 '자손들에게'를 쓰시지 않고 오직 한 사람을 가리키는 말로 너의 '자손에게'라는 말을 쓰셨습니다. 그 한 사람은 곧 그리스도이십니다. 내가 말하려는 것은 이것입니다. 하나님께서 이미 맺으신 언약을 사백삼십 년 뒤에 생긴 율법이 이를 무효로 하여 그 약속을 폐할 수는 없습니다(갈 3:15-17).

powerpoint

다음 주에, 다음 달에, 다음 해에 자녀에게 필요한 것이 무엇인지 미리 생각해 두십시오. 그에 따라 자녀들을 위해 준비해야 할 것이 무엇인지 계획을 세워 두십시오.

"현재 우리의 일상생활은
아이들의 평생기억통장에 저장된다."
찰스 R. 스윈돌

Chapter 8
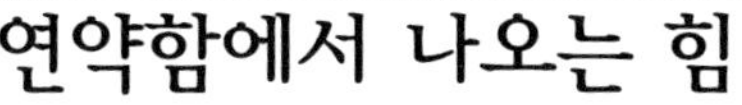

연약함에서 나오는 힘

10살 난 대니 윌로우는 안타깝게도 자동차 사고로 왼팔을 잃었다. 윌로우는 한 팔만으로 생활해 나가는 재활치료를 받고 있었는데, 그를 치료하던 사람이 유도를 배우고 있었기 때문에 윌로우에게도 유도에서 사용되는 호흡법과 훈련법을 가르쳤다. 대니는 곧 유도의 자기방어술 같은 것에 몰두해갔고, 얼마 되지 않아 자신에게 유도를 가르쳐 준 사람의 스승인 일본인에게 지도를 받을 정도로 실력이 늘었다.

세월이 흘렀다. 대니와 함께 훈련을 받던 다른 아이들은 지역 대회에 출전하기 위해 참가신청을 했다. 대니도 비록 핸디캡을 지니기는 했지만 이 대회에 참가하기 원했다. 일본인 스승도 그의 결심을 바꾸지는 못했다. 그런데 대니는 그저 참가하는 것으로 만족하지 않고 대회에서 우승하는 것을 목표로 삼았다.

스승은 대회에 참가하려는 아이들에게 다양한 몸 동작과 새로운 기술을 가르쳐 주어 대회에 임하게 하였다. 하지만 대니에게는 한 가지 기술만 가르쳐 주었다. 대니는 스승이 자신을 홀대하고 있다고 생각해 스승에게 다양한 기술을 가르쳐 달라고 여러 번 졸라댔다. 스승은 그에게 같은 말만 되풀이했다. "네가 이 한 가지 기술만 잘 익힌다면 상대를 물리칠 수 있을 것이다."

마침내 대회가 열리게 되었다. 놀랍게도 대니는 처음 3명의 상대를 손쉽게 눌렀다. 하지만 점점 긴장되기 시작했다. 최종 결승까지 올라온 대니는 결국 지난해 우승자와 맞붙게 되었다. 상대방의 점수가 점점 올라갔고 상황은 대니에게 불리하게만 전개되었다. 경기 도중에 심판은 대니가 큰 부상을 입지 않을까 염려되어 경기를 중단시키려고

까지 했다.

그러다가 대니는 최근에 스승이 자신에게 가르쳐 준 그한 가지 기술을 사용해서 지난 해 우승자를 한순간에 제압해 버렸다. 대니는 마침내 금메달을 목에 걸고 새로운 챔피언의 자리에 오르게 되었다!

대니와 동료들은 역전의 승리를 두고 대단히 기뻐하였다. 집으로 오는 길에 대니는 그 스승에게 물어보았다. "선생님은 어떻게 제가 한 가지 기술만으로도 승리할 수 있을 것이라고 생각하셨습니까?"

그 스승은 미소를 지으며 대답했다. "내가 너에게 가르쳐 준 기술을 상대방이 방어할 수 있는 단 한 가지 방법은 바로 너의 왼팔을 낚아채는 것이란다."

이 얼마나 현명한 사람인가! 우리 삶에서 승리를 얻으려면, 하나님께서 우리의 연약한 부분을 취하셔서 강하게 하신다는 것을 이해해야만 한다. 우리는 한 쪽 팔을 잃어버리지 않았을 수도 있고, 외적으로 온전할 수도 있지만, 그

럼에도 우리에게는 사실 약점이라고 할 수 있는 부분이 많이 있다. 사도 바울이 자신의 연약함에 대해 말할 때, 자신의 연약함을 오히려 자랑스럽게 여겼는데, 이는 자신이 연약할 그 때에 그리스도의 힘이 자신을 도와 준다고 여겼기 때문이다.

성경에는 약점을 오히려 강점으로 만든 사람들의 "영웅담"이 많이 있다. 사도 바울은 대담하게도 예수 그리스도를 믿는 신앙 안에서는 모든 일이 가능하다고 선언한다. 그것이 바로 우리의 연약함을 통해서 승리를 일구어내시고, 영적 전투에 임하는 우리들을 강력하게 만드시는 하나님의 계획이다.

자녀를 가르치는 일은 얼마나 중요한 일인지 모른다. 자녀들에게는 아직 연약한 부분이 많이 있지만, 그것들이 점점 강력한 힘을 발휘할 수 있도록 자녀들을 돕는다면 그로 인해 자녀들의 인생이 변할 것이다.

그러나 주께서는 "내 은혜가 네게 족하다. 내 능력은 약한 데에서 완전하게 된다"라고 말씀하셨습니다. 그러므로 그리스도의 능력이 내게 머무르게 하려고 나는 더욱더 기쁜 마음으로 내 약점들을 자랑하려고 합니다. 그러므로 나는 그리스도를 위하여 병약함과 모욕과 궁핍과 박해와 곤란을 겪는 것을 기뻐합니다. 그것은 내가 약할 그 때에, 오히려 내가 강하기 때문입니다. '고린도 교회의 일을 염려하다' 나는 어리석은 사람이 되었습니다. 여러분이 나를 억지로 그렇게 만들었습니다. 그러나 여러분은 나를 인정해 주었어야 마땅합니다. 내가 비록 보잘것 없는 사람일지라도 저 가장 위대하다는 사도들보다 부족한 것이 하나도 없습니다. 나는 여러분 가운데서 일일이 참으면서 표적과 기적으로써 사도가 된 표적을 나타냈습니다(고후 12:9-12).

powerpoint

연약함이 강력한 힘으로 변하기 위해서는 먼저 그 연약함을 인정하는 일이 중요합니다. 자녀들이 약점을 지니고서도 여전히 일할 수 있다는 것을 명백하게 확인할 수 있도록 도와주어야 합니다. 자녀들이 자신들의 약점을 그리스도의 힘으로 대체할 수 있다는 믿음과 신뢰를 가지도록 이끌어 주십시오.

자녀들을 칭찬하고 사랑할 때는

있는 자체로 하지 말고 ,

우리가 소망하는 바를 칭찬하고 사랑하라.

괴테

Chapter 9

악몽의 9 · 11

2001년 9월 11일은 미국인의 가슴속에 영원히 사라지지 않을 악몽을 남겼다. 연료를 가득 실은 제트항공기가 뉴욕에 있는 세계무역센터 쌍둥이 빌딩과 워싱턴에 있는 펜타곤 건물에 돌진해서 파괴시키고, 또 다른 비행기 한 대가 펜실베니아의 노지에 처박히게 된 것은 미국 국민들을 향해 겨누어진 가장 무서운 테러행위였다. 수많은 사람들의 생명을 앗아간 이 사건의 와중에서 우리에게 진정으로 용기 있는 사람이 누구인지를 보여 주는 실례를 남긴 경우도 많았다.

53세 되는 스티븐 모렐로도 그 가운데 한 사람이다. 스티븐의 아들은 밴드를 시작하고 싶은 열망에 그만 다니던 대학을 중퇴하려고 하였는데, 그때 아버지는 그가 예상치 못한 제안을 하였다. "네가 어쨌든 대학을 다 마치기 원한다. 언제라도 다시 돌아오기 원한다면 학비를 대 주도록 하겠다."

세월이 흐른 후, 아들이 결혼하여 아이를 갖게 되고, 그의 아내는 직장에서 일하고 아들이 집에서 어린아이를 돌보는 일을 하게 되었을 때에도 아버지 스티븐은 이렇게 말하며 그 선택에 동의했다. "무엇보다 가족이 가장 우선되어야 한다."

자녀들의 말에 의하면, 그는 항상 가족을 먼저 생각했다. 그는 세계무역센터 건물 안에 있는 보험회사에서 일했다. 그의 딸 알피아는 아버지의 뒤를 이으려고 했지만, 첫 번째로 응시한 증권중개사 시험에서 떨어지고 말았다. 스티븐은 다음 번 시험이 있었을 때, 딸이 꼭 합격할 수 있도록 연 3일 밤을 늦도록 그녀의 곁에 있으며 공부를 도와 주었다. 딸이 마지막 질문에 정확한 답변을 했을 때 그는 딸아이의 얼굴을 어루만지며 부드럽게 말했다. "네가 지금처럼 사랑스러워 보인 적이 없구나."

33년의 결혼생활 동안 그는 단 한 번만을 제외하고는 항상 아내를 데리고 여행을 다녔다. 금요일 밤이 되면 항상 온 가족이 모여 정담을 나누었다. 그는 아이들과 함께 소파에 앉아 TV 보는 것을 좋아했다. 그의 아들은 이렇게 말했다. "우리 생활의 중심에는 항상 아버지가 있었습니다. 우리는 부모님 침대 위에 앉아서 피자를 먹거나 TV를 보기도 했습니다."

아버지가 그 비극으로 인해 죽은 후 영결사에서 아들은 다음과 같이 말했다.

"나의 아버지는 파괴적인 자본주의의 상징이 아니었습니다. 그분은 항상 자상하게 가족을 돌보는 인간적인 분이셨습니다"

(US News & World Report 2001년 9월 24일자에서 인용).

9·11 비극의 악몽은 아직도 우리에게 남아 있다. 그 사건이 발생한 지 수개월이 지난 후 부모를 대상으로 한 조사에서 45%의 부모가 자녀들이 그 사건에 큰 영향을 받았다고 대답했다. 전문가들은 많은 가족들이 여전히 테러의 위험에 노출되어 있으며, 특히 사회의 관심이 식어질수록 앞으로도 상당 기간 동안 취약한 상태로 남아 있을 것이라고 진단한다.

이런 현실 속에서 부모들이 할 일이 무엇인가? 민간방어국(OCD) 청소년 지도위원인 타마르 캔스키 박사는 다음과 같이 조언한다.

"부모님들은 자녀들에게 9월 11일을 잊지 말라고 가르치는 동시에, 평상시의 생활대로 살아가도록 지도하는 것이 필요하다. 아이들에게 균형감각을 키워 주는 것은 대단히 중요한 일이 되었다."

한 부모는 자신의 경험을 다음과 같이 털어놓았다.

"탄저균이나 다른 종류의 테러가 발생할지 모른다는 생각 때문에 아들이 굉장히 두려워하고 있으며, 심각한 변화를 보이고 있습니다. 저는 그러한 일이 일어날 가망은 거의 없으며, 상황이 심각하게 변해간다 하더라도 그의 마음을 변하게 할 것은 아무것도 없다고 말해 주었습니다. 그 아이를 향한 저의 마음을 뒤바꾸게 할 수 있는 것은 아무것도 없습니다."

좀 더 아이들을 진정시키기 위해서는 대통령이나 의회, 군대, 치안당국에서도 우리를 안전하게 지켜 주기 위해 애쓰고 있다는 점을 확인시켜 줄 수 있을 것이다. 이는 적극적인 보장은 될 수 없겠지만, 아이들에게 그 일을 걱정할 필요가 없다는 점을 일깨워 줄 수는 있을 것이다.

아이들이 할 일이란 숙제와 공부를 하고, 자신의 방을 깨끗하게 치우고, 시간에 맞춰 집에 돌아오고, 그들에게 맡겨진 여러 가지 소소한 일들을 해나가는 것이다. 자녀들이 쓸데없는 일로 걱정하지 않도록 구체적인 임무를 맡기

는 것도 좋을 것이다. 그리고 자녀와 함께 기도하는 시간
을 가지고, 하나님께서 우리를 돌보신다는 경험적인 확신
으로 자녀들을 위로해 주어라.

내가 비록 죽음의 그늘 골짜기로 다닐지라도 주께서 나와 함께 계시고, 주의 지팡이와 막대기로 나를 위로해 주시니, 내게는 두려움이 없습니다. 주께서는, 내 원수들이 보는 앞에서 내게 상을 차려 주시고, 내 머리에 기름 부으시어 나를 귀한 손님으로 맞아 주시니, 내 잔이 넘칩니다. 진실로, 주님의 선하심과 인자하심이 내가 사는 날 동안 나를 따르리니, 나는 주의 집에서 영원토록 살겠습니다(시 23:4-6).

powerpoint

9·11 테러 이후로 세계는 큰 변화를 겪고 있습니다. 우리가 확실하게 얻을 수 있는 유일한 실제적인 안전은 예수 그리스도와의 관계에 의해서만 가능합니다. 하나님의 사랑은 모든 두려움을 내어쫓습니다. 우리 주변에서 또 다른 테러가 발생할지 모른다는 불안감은 오직 가족의 친밀한 관계를 통해서 나타나는 사랑과 확신에 의해서만 극복될 수 있는 새로운 삶의 양식을 우리에게 제공하고 있습니다.

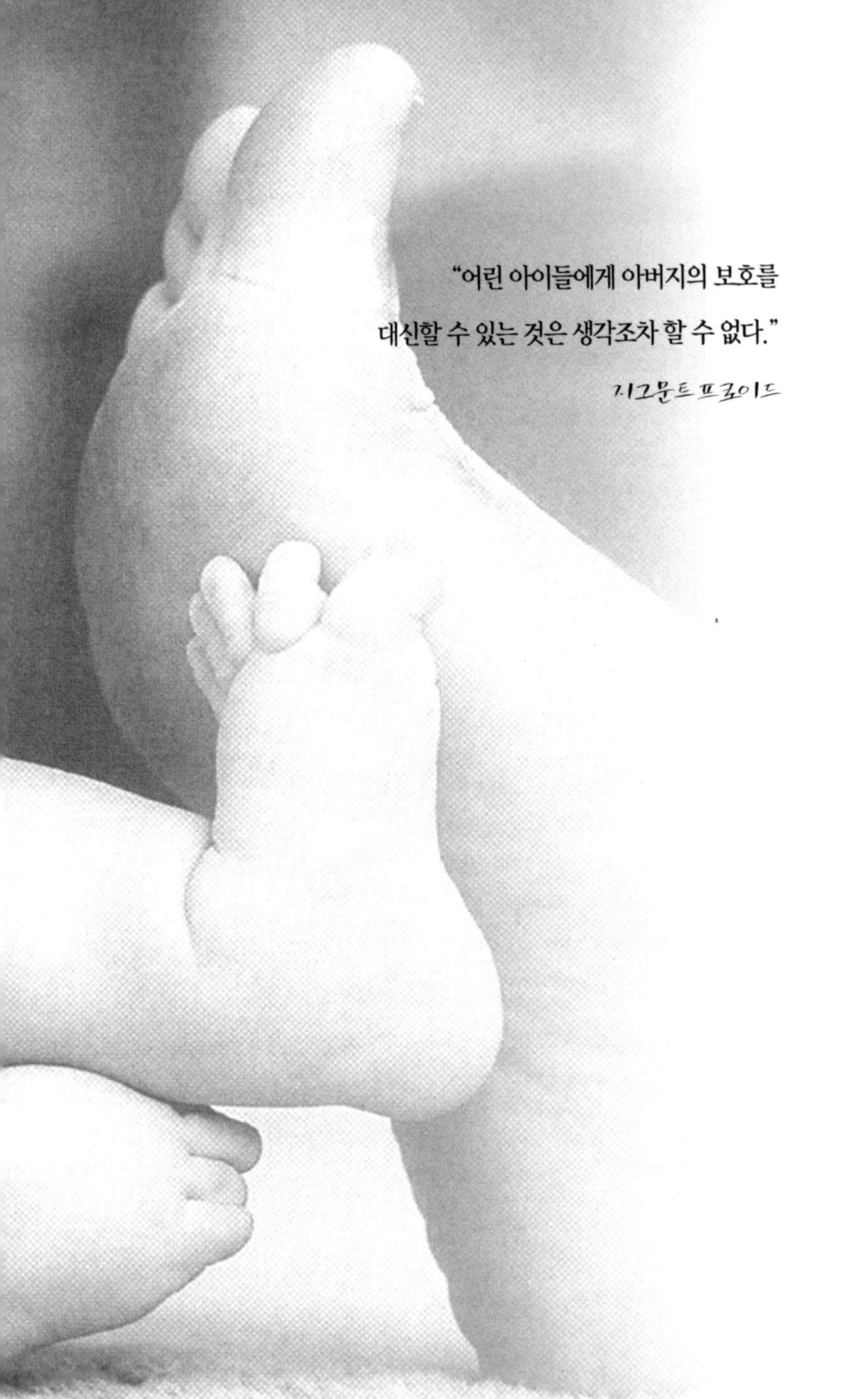

"어린 아이들에게 아버지의 보호를
대신할 수 있는 것은 생각조차 할 수 없다."
지그문트 프로이드

Chapter 10 

아버지의 창조

하나님이 제6일째 되는 날에 아버지(남자)를 창조하실 때, 천사 가브리엘이 나타나 그 창조 과정을 지켜보며 여쭈었다. "하나님, 이 모델을 빚으시면서 너무 많은 시간을 허비하시는 것이 아닌가요?"

하나님께서 대답하셨다. "이 모델을 다시 한 번 유심히 살펴보아라. 이 모델은 역경을 겪더라도 움츠러들지 않아야 한다. 또 천둥이 치거나 혹은 무서운 장면이 나타날 때 아이들이 재빨리 타고 올라갈 무릎이 있어야 한다. 아이들을 번쩍 안아올릴 만큼 튼튼한 팔이 있어야 하고, 그 팔로 두려움에 떨고 있는 아이들을 안아 줄 수도 있어야 한다.

두 손은 크기도 해야겠지만 재빠르기도 해야 한다. 두

손은 다양한 감정을 품고 있어서 여러 가지로 유용하게 쓰일 수 있어야 하니까. 그 손은 스패너나 망치를 들고 내리칠 수 있을 정도로 튼튼해야 하는 동시에 아이의 얼굴을 쓰다듬거나 아이가 자전거를 타다 넘어졌을 때 그 아이의 상처난 무릎에 반창고를 조심스럽게 붙여 줄 수 있을 정도로 부드러운 면도 있어야 한다."

천사는 고개를 흔들며 말했다. "그저 두 손에 불과할 뿐인데 너무 많은 것을 요구하시는 것은 아닌가요?"

"그 두 손은 정작 문제만 일으키는 손이 되어서는 안 되지. 일단 손은 그 정도로 생각하고 있다. 하지만 정작 더 창조하기 어려운 부분은 모든 아버지들이 지녀야 할 눈이라고 할 수 있지."

"대체 눈에는 어떤 특별한 기능을 생각하고 계십니까?"

하나님께서 대답하셨다. "아버지의 눈은 아이가 감쪽같이 속이려 할 때에라도 이를 단번에 꿰뚫어볼 수 있어야 한다. 미식 축구게임에서 아무리 공놀림이 재빠르다 하더라도 이를 간파할 수 있을 정도로 민첩해야 하며, 가족 중의 한 사람에게 날라오는 공을 재빨리 알아차리고 쳐낼 수 있을 정도로 넓은 안목도 지녀야 한다. 또한 아버지의 두 눈은 인정과 부드러움을 겸비해야 한다. 혹 아이들이 마음에 상처를 받은 경우에도 그저 아무 말 없이 아이를 바라보며 '내가 널 이해하고 너를 사랑한단다' 라는 메시지를 아이에게 전할 수 있어야 하기 때문이다."

"오, 하나님, 좀 쉬시면서 하세요. 내일이…."

"난 지금 쉴 수 없다." 하나님께서 말씀하셨다. "난 이제 나 자신을 닮은 인간을 거의 다 만들어가고 있다. 이미 나는 그 몸에 힘을 불어넣었지. 지금 나는 영혼과 인격을 형성하는 내부 작업을 하고 있는 중이다. 나는 이미 그에게 아이를 넓은 어깨에 목마를 태우고 하루종일 다닐 수 있도록 힘을 주었다. 지금은 어린아이들이 손으로 벌레를 집어서 낚시바늘에 꿸 수 있도록 도와 줄 수 있는 인내심을 심어 주고 있고, 동시에 가족을 보호할 수 있는 힘과 용기를 심어 주고 있다."

"아버지로 태어나면서부터 이 모든 덕목을 다 갖추고 있게 되는 것인가요?" 천사가 물어보았다.

"그런 것은 아니다." 하나님께서 천천히 설명해 주셨다. "아버지도 처음에는 어린 아이로 태어난다. 하지만 적당한 시간과 적당한 훈련 과정을 통해 결국은 아버지가 되는 것이다."

천사는 아주 천천히 아버지의 모델을 살펴보았다. "너무나 의존적인 성격을 띠고 있군요." 천사가 한숨을 내쉬었다.

"하지만 강인한 존재이다." 하나님께서 약간 들뜬 음성으로 말씀하셨다. "아버지가 할 수 있는 일이 얼마나 크며, 그 인내력이 얼마나 강한지 너는 상상조차 하지 못할 것이다."

천사가 마지막으로 한번 더 살펴보기 위해 몸을 구부렸을 때, 눈 한쪽 구석에 물 방울이 맺혀 있는 것을 발견할 수 있었다. "여기 새는 곳이 있나 보군요?"

"그것은 새어서 흘러나온 물이 아니다. 그것은 눈물이라고 하는 것이다."

"그런데 눈물은 대체 무엇에 쓰는 것인가요? 들어본 적이 없습니다."

"눈물은 아버지가 딸을 다른 한 남자에게 건네 주려고 딸의 손을 잡고 걸어갈 때 기쁨과 자부심을 나타내기 위해 쓰이는 것이다. 그것은 한 아이가 자라 가족으로부터 떨어져 나갈 때의 슬픈 마음을 함께 나눌 때 사용되기도 한다. 또한 눈물은 아이가 처음 출전한 야구경기에서 홈런을 쳤을 때, 이를 축하하기 위해 흘리기도 한다. 눈물을 통해 진정한 남자가 되는 것이다."

하나님이 말씀하시기를 우리가 우리의 형상을 따라서 우리의 모양대로 사람을 만들자. 그리고 그가 바다의 고기와 공중의 새와 땅 위에 사는 온갖 들짐승과 땅 위를 기어다니는 모든 길짐승을 다스리게 하자 하시고, 하나님이 당신의 형상대로 사람을 창조하셨으니 곧 하나님의 형상대로 사람을 창조하셨다. 하나님이 그들을 남자와 여자로 창조하셨다(창 1:26, 27).

powerpoint

아버지 하나님의 형상대로 우리가 창조함을 입었다는 말은 큰 책임이 우리에게 부여되었다는 말입니다. 하나님께 구하십시오! 그러면 하나님께서는 하나님의 형상을 닮아갈 수 있는 힘을 당신에게 줄 것입니다.

Chapter 11

바람직한 남성상

오늘날 우리 사회에서 '바람직한 남성상'은 어떤 것일까? 진짜 남성으로서 활기차게 살아 숨쉬는 이상적인 모습은 어떤 것일까? 오랫동안 논란이 되어온 이 문제는 시대에 따라 업데이트될 필요가 있다.

18세기 사람들은 자유와 정의에 대한 신념을 지니고, 새로운 세상을 개척해가려는 열망을 지닌 혁명적인 이상을 품은 남성을 원했다.

19세기의 사람들은 사막 한가운데서 새로운 국가를 형성해 나갈 수 있는 능력이 있는 남성상을 추구했다.

20세기의 사람들은 어떠한가? 20세기에는 신기술로 인해 혼란에 휩싸인 세상을 헤쳐나갈 남자, 고성능을 자랑하

는 컴퓨터를 자유자재로 다루어 새로운 과학과 임무에 성
공적으로 적응해나갈 수 있는 남성을 요구했다.

그렇다면 이제 21세기가 요구하는 남성상은 어떠한가?
새 천년의 새로운 도전에 잘 적응해나갈 남성은 어떤 모습
일까? 그에게 어떤 비전이 요구되는 것일까?

오늘날 남성들에게는 진정한 의미와 목적이 있는 인생
을 갈구하는 참다운 삶에 대한 인생관이 필요하다. 그러므
로 진정한 한 사람의 남성이 된다는 것은 다른 사람들과
비슷하게 되는 것에 만족을 느껴져는 안 된다는 것을 의미
한다. 유진 오닐은 다음과 같이 말했다.

"만족이란 편하게 먹고살면 된다고 생각하는 사람에게 따
뜻한 돼지우리와 같은 것이다."

만족은 침체다! 이에 대한 설명을 좀 더 하겠다. 우리는
'가진 것'에 만족을 느낄 수는 있겠지만, '사람됨'에 만족
을 느껴서는 안 된다. 우리가 살고 있는 세상은 이에 대한
판단을 거꾸로 하고 있다. 세상은 참된 인간성을 지닌 사

람보다 쌓아 놓은 재물에 더 큰 관심을 기울이고 있다.

자신의 현재 모습에 만족을 느끼거나 자신이 해 놓은 일에 안주해 버린다면, 그 사람은 더 이상 최선을 다해 무엇인가를 하려고 하지 않을 것이다. 이런 사람은 이미 쇠퇴해버린 죽은 사람과 같으며, 그의 발가락 사이에는 풀이 자라고 있다. 교육가들과 철인들, 설교가들, 사회의 지도층 인사들, 정치가들, 심지어는 언론매체에서조차도 다가올 미래를 내다볼 때 혼란스러운 공포감에 휩싸이는 이유는 바로 이러한 태도 때문이다. 이런 사람들은 미래 사회가 그저 '내 안전영역을 침범하지 말아라' 고 소리치는 로봇과 같은 사람들로 구성되고 있다고 생각한다.

21세기를 살아가는 남성들에게는 결단력이 필요하다. 오늘날은 여러 가지 선택의 여지가 많으며, 결정짓기 곤란한 문제는 재미있는 공굴리기 결정법으로 정하는 등 사람에게 결정권을 앗아가는 장치들이 많이 고안되었다. '내 일까지 결정을 보류해도 무방하다' 는 태도로 사람들을 속이기도 한다. 그러면 우리는 '내가 쓸데없이 고민했던 문제를 아주 잘 해결해 주는 것이 나타날지도 모른다' 며 발뺌을 한다. 성경은 다음 구절을 통하여 그러한 연막술을 단호히 배격한다.

"그는 이중 인격자이며 언제나 자기가 하는 일에 갈피를 못 잡고 흔들리는 사람입니다"(약 1:8).

세상의 시류를 쫓아가며 날마다 새로운 견해로 자신을 옷 입혀야 한다는 강박관념에서 벗어나야 한다. 오직 옳은 것이 무엇인지 분별하여 그 일을 하도록 하라.

진정한 남성이 되려면, 훈련을 받아야 한다. 훈련은 벌칙이 아니다. 훈련이란 당신의 중심을 튼튼하게 만들고, 영적 기력을 똑바로 펼 수 있도록 해 주는 것이며, 흔히 성숙의 잣대로 사용되기도 한다. 성공한 사람과 실패한 사람을 구분짓는 것이 바로 자아훈련이다. 이러한 사람은 마음에 생활의 준칙을 새겨 두고 그에 따라 살아가는 사람이다.

진정한 남성이 되려면, 또한 분별력이 있어야 한다. 많은 사람들이 완벽한 이상과 높은 목표를 가지고 인생을 시작하지만, 쥐새끼 같이 비열한 사람들과 힘겹게 경쟁하는 동안 이런 이상과 목표는 사라지게 된다. 당신의 인생 끝날에 하나님께서 당신에게 무엇을 하였느냐고 물어보실 때, 당신은 무엇이라 대답할 것인가? 당신은 매일 올바른 선택을 해야 한다. 그렇지 않으면 어떤 것이 올바른 길인지도 모른 채 이 길 저 길을 질주해가는 기관차와 다름없는 삶을 살게 될 것이다.

무엇보다 하나님께서는 당신에게 일관성을 유지하라고 요구하신다. 성실한 모습을 보일 때 가족은 당신을 신뢰하게 될 것이다. 일관성 있는 태도를 보이지 못하는 사람들이 어떻게 자녀들에게 영원한 가치가 있는 진리를 가르쳐 줄 수 있을 것인가?

모든 일에 있어 올바르고 정직한 삶을 살아간다면 당신은 자녀들에게 많은 것을 가르칠 수 있을 것이다. 또한 세

월이 지난 후 당신의 행동이 자녀들의 가슴속에 영원히 남
게 될 것이고, 그때는 다른 어떤 말로도 이미 가슴속에 새
겨진 인상을 지워낼 수 없게 된다. 지금 당신은 자녀의 가
슴속에 무엇을 새기고 있는가?

형제 여러분, 믿음이 있다고 하면서 실천하지 않으면 무슨 소용이 있습니까? 그런 믿음으로 구원을 받을 수 있겠습니까? 이와 같이 행동이 따르지 않는 믿음은 그 자체가 죽은 것입니다. 그러나 어떤 사람은 이런 말을 할 것입니다. "너에게는 믿음이 있고 나에게는 행동이 있다. 행동이 따르지 않는 네 믿음을 나에게 보여라. 나는 행동으로 내 믿음을 너에게 보이겠다."(약 2:14, 17, 18).

powerpoint

아무리 바람직한 크리스천 남성상을 말한다 하더라도 그 사람의 행동에 정직함이 없다면 아무런 소용도 없습니다. 또한 다른 사람의 삶을 변화시키지 못하는 바람직한 크리스천 남성상을 떠들어대도 아무런 유익이 없습니다. 당신이 아무리 사소한 말 한 마디라도 그 말을 진정으로 지키는 진정한 남성다운 모습을 보인다면 온 가족은 당신에게 큰 감명을 받게 될 것입니다!

"팔에 아무것도 든 것이 없는 것을 보고

달려와 안길 자녀가 있는

아버지보다 더 큰 부자는 없다."

작자미상

Chapter 12

우리 아빠는 재미있어요

미국 동부에 한 가족이 살고 있었는데 한달 동안 서부로 휴가를 떠나려고 계획했다. 하지만 아쉽게도 휴가 2주 전에 갑자기 아빠의 일이 많아져서 함께 떠나는 것이 불가능하게 되었다. 그렇지만 엄마는 운전을 할 수 있기 때문에 휴가를 연기하지 말자고 고집을 피웠다. 아빠는 지도를 가져와 함께 보면서 어느 길로 운전해야 하는지, 그리고 매일 밤 엄마와 아이들이 어느 곳에 머무를 것인지 상세하게 계획을 세웠다. 가족을 먼저 떠나보낸 아빠는 예상보다 일찍 나머지 일을 마칠 수 있었다. 그래서 아빠는 가족을 놀라게해 주려고 작정하였다.

그는 가족들에게 미리 알리지 않고 서부 해안 쪽으로 비행기를 타고 갔다. 그리고는 그날 그 시간에 엄마가 차를 몰고 가기로 예정된 고속도로 쪽으로 택시를 타고 갔다.

택시 운전사는 길옆에 그를 내려 주었고, 그는 가족이 탄 차가 오기까지 인내심을 갖고 기다렸다. 드디어 엄마와 아이들이 탄 차가 나타났다. 아빠는 얼굴에 씩- 웃음을 짓고는 도로 쪽으로 약간 나와서 히치하이커(자동차편승 여행자)처럼 엄지손가락을 세워보였다.

엄마와 아이들이 아빠를 지나칠 때, 가족들은 전혀 뜻밖의 상황에 대단히 놀라는 반응을 보였다! 아이들 중에 한 명이 소리쳤다. "저것 봐! 저 사람 아빠인 것 같은데?"

엄마는 "끽-" 하고 날카로운 소리가 날 정도로 차를 급히 세우고는 차를 뒤로 몰아 즐거움에 가득 찬 히치하이커를 태웠다. 결국 도로 위에서 온 가족이 모이게 되었다.

같은 날, 택시 운전사는 신문기자에게 그 이야기를 전해 주었다. 신문기자는 흥미를 느꼈고, 그냥 지나칠 수 없다고 생각해 근처 모텔을 수소문한 끝에 그 가족이 머무는 곳을 알아냈다. 그 기자는 차를 몰고서 그 가족이 머물고 있는 호텔로 가서 인터뷰를 했다. 신문기자는 아빠에게 왜 그렇게 무모한 짓을 하였느냐고 물었다. 이에 대한 아빠의 대답이 걸작이었다.

"내가 죽은 후에 아이들이 '아빠는 정말 재미있는 분이셨어!' 라고 말하는 것을 듣고 싶어서였습니다."

오늘날 우리 인생은 너무 냉혹해졌다. 사실 오늘날의 미국 사회는 '웃음 기근' 현상을 보이고 있다. 인생이 즐거웠다고 여겨지는 때가 생각나는가? 물론 나에게는 그런 때가 있다. 한 연구에 따르면, 아이들은 하루에 150번 웃는 반면 어른들은 하루에 고작 10번을 웃는다는 통계가 나와 있다는 것을 알고 있는가? 우리 어른들에게 대체 무슨 일이 일어났기에 이토록 웃지 못하고 사는 것인가?

티 없이 맑고 유쾌한 어린 시절을 이미 지내 보낸 우리 인생은 그저 맘편히 크게 웃는 것을 어색하게 느낄 정도로 냉혹하게 변해버렸다. 그렇다. 가족이 파산하고 있으며,

상처를 입은 사람들은 늘어만 가고, 실업자들이 많아지고, 테러리스트들이 날뛰고 있으며, 마약 중독자들은 점점 더 과격해지고, 사람들이 요구하는 것들은 말도 되지 않을 정도로 터무니없고 진력이 날 정도이다. 하지만 무뚝뚝하게 불평을 말하기만 하고, 우울한 표정을 짓는다고 인생의 짐이 가벼워진 적이 한 번이라도 있었던가? 많은 사람들이 웃을 줄 모르고 기뻐할 줄 모르는 데 문제의 심각성이 있다. 그러므로 이제 이 질문에 답해보도록 하자. 웃고 즐거워하는 것이 영적인 문제에 속한 일인가?

성경은 그 자체가 유쾌한 책이다. 한 구절만 생각해보도록 하자.

"즐거운 마음은 병을 낫게 하지만, 근심하는 마음은 뼈를 마르게 한다"(잠 17:22).

즐겁게 살아가려는 태도와 유머 감각은 우리의 분별력을 키워 주고, 문제에 부딪치게 될 때 그것을 지나치게 심각한 태도로 받아들이지 않도록 우리를 보호해 준다. 문제를 지나치게 심각하게 받아들이지 않음으로써 우리는 우리 인생의 주도권을 잃지 않게 되고 객관적인 태도를 잃지 않게 되며, 인생을 즐겁게 살 수 있게 된다.

하루에 한 번 웃는다는 생활태도를 견지한다면 우울한 나날은 사라지게 될 것이다! 특히 자녀들에게 든든한 의지가 되어야 하는 아버지들에게 이 점은 대단히 중요하다. 이제 이 장을 마무리짓는 성경구절을 살펴보자.

무화과나무에 과일이 없고 포도나무에 열매가 없을지라도, 올리브 나무에서 딸 것이 없고 밭에서 거두어들일 것이 없을지라도, 우리에 양이 없고 외양간에 소가 없을지라도 나는 주 안에서 즐거워하련다. 나를 구원하신 하나님 안에서 기뻐하련다(합 3:17, 18).

즐거운 마음은 병을 낫게 하지만, 근심하는 마음은 뼈를 마르게 한다.(잠 17:22).

Chapter 13

가장 중요한 일

소발슨은 20세기가 낳은 위대한 조각가 중의 한 사람이다. 그는 백대리석으로 조각한 예수 그리스도상 중에 가장 아름다운 작품을 남긴 사람으로 알려져 있다. 전세계에 그의 작품을 모방한 복사작이 많이 있지만, 원작은 코펜하겐에 있으며, 아무리 높은 가격을 주더라도 살 수 없다. 또 소발슨의 '그리스도상'을 보기 위해 수백만의 여행객이 코펜하겐을 찾는 것으로 알려져 있다.

어느 겨울날, 덴마크의 왕자가 자신의 겨울궁으로 소발슨을 초대했다. 그는 작업하고 있는 대리석을 가져가서 작업을 계속한다는 조건 하에 왕자의 초대를 수락했다. 그의 머리 속에는 앞으로 어떤 작품을 만들고 싶다는 계획이 많이 서 있었지만, 현재 하고 있는 작업을 좀 더 계속할 필요가 있다고 생각했기 때문이다. 왕자가 말했다. "물론이오. 사람을 보내어 그것을 가져오도록 하겠소."

그래서 왕자는 자신의 겨울궁에 아뜰리에를 하나 마련해 주었다. 소발슨은 매일 작업을 계속했고, 어떤 때는 밤 늦게까지 일을 했다.

어느 날 아침, 늦은 아침을 먹던 왕자와 소발슨은 창 밖에서 아이들이 눈사람을 만들고 있는 것을 보았다. 아이들은 왕자가 입는 긴 모닝코트와 귀한 비단 모자, 지팡이, 파이프와 안경을 빌려서 눈사람에게 입혔다. 왕자를 닮은 얼굴을 만들어내려고 하기 전까지는 일이 잘 풀리는 것 같았다. 하지만 결국 그들은 얼굴을 제대로 만들지 못하고 낙담한 채 포기하고 말았다.

이 사태를 지켜보던 왕자가 소발슨에게 말했다. "당신은 이 세상에서 가장 훌륭한 조각가이니 가서 아이들을 도와주는 것이 어떻겠소?"

소발슨은 옷을 챙겨 입고 눈사람의 얼굴을 만드는 일을 돕기 위해 밖으로 나갔다. 그는 왕자에게 창가에 서 있어 달라고 부탁하고는 눈을 단단하게 뭉쳐놓고 날카로운 조각칼로 왕자를 꼭 닮은 모습의 눈사람을 조각하기 시작했다. 완벽을 기하여 그 일에 매달렸기 때문에 그는 자그마치 3시간 이상 밖에 있어야 했고, 그 때문에 그만 감기에 걸려 눕게 되었다.

다음날 아침 햇빛이 따스하게 내리쬐자 눈사람은 녹아들기 시작했고, 왕자의 모습도 사라져버렸다. 아이들이 눈사람을 만드는 것을 돕는 정도의 일이었기에 좀 더 짧은 시간 내에 마칠 수 있었을 것이다. 그러나 소발슨은 잠깐 있다가 녹아 없어질 눈사람을 조각하는 데 있어서도 완벽을 기했던 것이다.

소발슨은 거의 5주 동안이나 침대에 누워 앓아야만 했고, 결국 폐렴에 걸리고 말았다. 그 시대에는 페니실린이 없었기 때문에 그는 결국 폐렴으로 죽었다.

후세에 영국의 한 저널리스트는 소발슨의 전기를 쓰며

다음과 같은 글을 남겼다.

"전문 감식가들이 최고의 걸작이라고 부르게 될 작품을 완성하기도 전에 소발슨이 죽게된 것은 금세기의 비극이며, 이 세대의 불행이다."

우리는 어떤 일에 온 힘을 쏟으며 살아가고 있는가? 우리는 좋은 일과 최선의 일 사이에서 항상 선택하며 살아간다. 급한 일, 현안, 중요한 일, 미래에 할 일을 매일 선택하며 살아갈 수밖에 없다. 대리석을 조각하는 데 쏟는 시간만큼 눈사람을 만드는 데 많은 시간을 허비하려는 유혹이 항상 우리 앞에 있다. 보다 중요한 일은 그저 속삭이는 정도로 말하는데 반해 눈앞에 일어난 문제는 지금 당장 해결하지 않으면 안 되는 것처럼 소리치기도 한다. 우리는 남자이고 또 아버지이기 때문에 흔히 가장 부담스럽지 않은 길을 가려는 유혹을 받는다.

TV로 축구 게임을 보거나 혹은 친구들과 함께 낚시 여행을 간다는 핑계로 자녀들을 돌보는 데 써야 할 시간을

빼앗긴다면, 우리의 생활 스타일을 다시 한 번 재점검해야
한다. 예수 그리스도의 교훈 속에서 쉽게 발견할 수 있는
한 가지 원리는 우리가 가장 중요한 일을 선택해야 한다는
것이다. 인생에서 가장 중요한 일을 하는 데 방해를 하는
사람이나 일은 적절한 방법으로 피하는 것이 지혜로운 것
이다.

할 말은 다 하였다. 결론은 이것이다. 하나님을 두려워하여라. 그분이 주신 계명을 지켜라. 이것이 바로 사람이 해야 할 의무다. 하나님은 모든 행위를 심판하신다. 선한 것이든 악한 것이든 모든 은밀한 일을 다 심판하신다(전 12:13, 14).

powerpoint

자녀를 둔 아버지로서 인생에서 가장 중요한 일이 무엇이라고 생각하십니까? 아마 이에 대한 대답은 당신이 처한 환경에 따라 다를 수 있을 것입니다. 하지만 당신이 아버지라면, '마땅히 행할 길을 아이에게 가르치라'는 명령을 항상 최우선 순위로 고려해야 할 것입니다.

Chapter 14

두 번째 기회

1929년 새해 첫날에 조지아 테크팀과 캘리포니아 대학팀이 로즈볼 대회(Rose Bowl: 미국 최고 전통의 대학 미식축구 대회)에서 맞붙었다. 그 게임에서 캘리포니아팀의 로이 리글스는 초반의 어처구니없는 실책을 만회하는 선전을 보였다. 처음에 리글스는 방향을 혼동해서 자기 편 골라인 지점을 향해 달리기 시작했었다. 그가 65야드 정도 달렸을 때, 그의 팀 동료인 베니 롬이 간신히 그를 따라잡아 태클을 걸어 넘어지게 함으로써 조지아 테크팀에게 점수를 내 주지 않았다. 캘리포니아팀은 자기 진영의 7야드 안에서 3사람이 공을 주고 받았기 때문에 이제 땅에 공이 닿기 전에 차올려야만 했다. 거의 캘리포니아팀의 문전에서 공이 왔다 갔다 했기 때문에 테크팀은 공을 가진 사람을 미리 가로막았고, 캘리포니아팀은 겨우 문전에서만 머뭇거리다가 태클을 당하기 일쑤였다. 그 결과 세이프티(미식축구, 자기편 골라인 뒤에 (잘못) 공을 찍기; 수비팀이 2점을 얻음–역자 주)를 기록하게 되었고, 결국에는 한 점만 더 빼앗기면 패배가 확정되는 절망적인 상황이었다.

이상한 분위기의 경기가 전반전이 끝나갈 때까지 계속되자 모든 관중은 똑같은 생각을 품게 되었다. '닙스 프라이스 감독이 로이 리글스를 후반전에도 뛰게 할까?'

전반전이 끝나자 양 팀은 탈의실로 들어가 옷을 갈아입고 벤치에 앉거나 바닥에 앉아서 잠시 쉬었다. 하지만 단 한 사람 리글스만은 예외였다. 그는 어깨에 담요를 뒤집어쓰고서 한쪽 구석에 앉아, 양손으로 얼굴을 가리고 어린아이처럼 울었다.

축구경기를 해본 사람이라면 다 잘 알겠지만, 휴식 시간이 되면 감독의 지시사항은 많아지게 되는 것이 일반적이다. 하지만 오늘 프라이스 감독은 아무런 말이 없었다. 분

명히 리글스에 대한 무슨 조치를 생각하고 있음이 분명했
다.

　3분 후에 후반전 경기가 시작된다는 방송이 나왔다.

　프라이스는 간단하게 말했다. "자, 제군들. 전반전에 뛰
었던 선수들이 그대로 후반전에도 뛴다."

　선수들은 일어나 라커룸을 나왔지만, 리글스만은 예외
였다. 그는 전혀 움직이려 하지 않았다. 감독이 돌아보고
그를 불렀지만, 그는 여전히 움직이지 않았다.

　프라이스 감독은 몸을 움츠리고 있는 리글스에게 다가
가서 말했다. "로이, 내 말이 들리지 않는 거야? 전반전에
뛴 선수들이 후반전에도 뛴다고 말했잖아."

　로이는 감독을 올려다보았다. 자신에 대한 격한 실망감
에 휩싸인 그의 눈에서는 눈물이 멈추지 않고 흘러나오고
있었다. 그가 말했다. "감독님, 저는 뛰지 못하겠습니다.
저는 감독님과 팀을 망쳐버린 놈입니다. 혹시 관중들이 저
를 보면 더러운 기분이 들까봐 관중석을 바라볼 용기도 없

어졌습니다.”

그러자 프라이스 감독은 손을 리글스의 어깨 위에 얹고 그의 눈을 바라보며 말했다.

“로이, 일어나 운동장으로 가라. 이제 겨우 전반전이 끝났을 뿐이다!”

리글스는 마음을 다시 추스르고 라커룸을 나서서 필드로 향했다. 그 이후의 상황이 어떻게 되었을까? 경기가 끝난 후 조지아 테크팀 선수들은 후반전 리글스의 뛰는 모습이 정말 놀라웠다고 칭찬을 아끼지 않았다.

처음 이 이야기를 들었을 때, 나는 “정말 훌륭한 감독이구나!”라고 감탄을 발하지 않을 수 없었다. 하지만 좀 더 생각해보니 두 번째 기회를 얻고서야 비로소 자신의 진정한 모습을 보여 준 사람들이 많이 있다는 것을 알게 되었다. 그래서 나는 이렇게 외치지 않을 수 없었다.

“하나님, 당신은 정말 놀라운 분이십니다!”

우리는 요나와 큰 물고기 이야기를 잘 알고 있다. 그 사건을 기록한 요나서에는 우리가 꼭 기억해야만 하는 중요한 진리를 담고 있는 구절이 있다.

"여호와께서 '다시' 요나에게 말씀하셨다!"(욘 3:1)

이것은 큰 물고기보다 더 큰 진리를 나타내고 있다! 하나님께서는 완고하고, 불평만 늘어놓고, 반항하기까지 하며, 고집 세고, 편견으로 차 있는 실패자 요나에게 두 번째 기회를 주신 것이다! 이것이 진정 놀라운 일이 아니고 무엇이겠는가!

요나는 이기적인 마음으로 의도적으로 하나님의 말씀에 순종치 않았고 자신의 마음대로 반항의 태도를 보였다. 하지만 하나님께서는 이 화만 잘 내는 녀석에게 두 번째 찾아오셔서 새로운 기회를 주신 것이다.

이 원리는 우리가 자녀들을 대할 때에도 꼭 기억해야 할 원칙이다. 아이들은 '실패자'가 아니고, 마땅히 도움을 받아야 할 존재들이다. 요나의 하나님처럼 우리 앞에 주어진 모범적인 예에 따라 우리의 자녀에게도 두 번째 기회를 주는 데 인색해서는 안 될 것이다.

여호와께서 아밋대의 아들 요나에게 말씀하셨다. 너는 저 큰 니느웨성으로 가서 그 성이 멸망할 것이라고 외쳐라. 그 곳 주민들의 죄악이 하늘에까지 사무쳤다… 사람이나 짐승이나 다 굵은 삼베를 걸칠 것이며 모든 사람들은 하나님께 진심으로 기도하고 각자 자기 잘못을 뉘우치고 악을 버려라. 하나님이 혹시 뜻을 돌이키시고 분노를 거두셔서 우리를 멸망시키지 않으실지 누가 알겠는가!(욘 1:1-3:9).

powerpoint

하나님께서는 '제2의 계획'을 세워 일하시는 데 전문가이십니다. 이제 당신이 두 번째 기회를 자녀에게 줄 수 있다면, 그들이 일을 엉망으로 만들어 놓는다 하더라도 대비책을 강구할 수 있을 것입니다. 자녀들에게 제2의, 제3의, 혹은 그 이상의 여러 가지 많은 기회를 제공하도록 하십시오.

Chapter 15

꿈을 가져라

최근에 시원한 코카콜라를 마시고 정신이 번쩍 든 적이 있는가? 전세계에 살고 있는 수백만 명의 사람들이 그런 경험을 해보았을 것이다. 로버트 우드럽이라는 사람 덕분에 우리는 코카콜라의 짜릿한 맛을 즐기고 있는 것이다.

그에게 이런 명예로운 찬사만 쏟아지는 것은 아니다. 우드럽은 당시 많은 사람들로부터 손가락질의 대상이 되기도 했다. 그가 1923년에서 1955년까지 코카콜라의 사장으로 있을 때에는 2차 세계대전의 와중이었음에도 불구하고 그는 다음과 같이 말하는 대담무쌍함을 보였다. "전세계에서 군복을 입은 사람들이라면, 그가 어디에 있든지, 혹은 어떠한 대가를 치르든지 5센트에 코카콜라 한 잔을 사먹는 것을 볼 날이 멀지 않을 것이다.” 전쟁이 끝났을 때 그는 전세계의 사람들이 최소한 1번 이상은 코카콜라를 맛볼 수 있도록 온 힘을 기울였다. 치밀한 계획과 끈질긴 노력을 기울인 결과 우드럽과 코카콜라 회사는 ‘코크’라는 이름으로 전세계를 정복하였다!

이제 아버지인 당신에게 물어보겠다. 당신은 꿈이 있는가?

우선 꿈이라는 것이 무엇을 의미하는지 정의를 내림으로써 말하고자 하는 바를 좀 더 쉽게 이해할 수 있을 것이다. ‘꿈’이란 무엇인가? 사전적인 정의에 따르자면, 꿈이란 ‘실현하고 싶은 희망이나 이상; 목표; 잠자는 동안에 깨어 있을 때와 마찬가지로 여러 가지 사물을 보고 듣는 정신 현상’을 가리킨다.

당신의 인생을 향한 하나님의 꿈, 혹은 비전은 무엇인가? 만일 실패하지 않을 것이라는 보장이 있다면 당신은 특별히 무엇을 하고 싶은가?

마틴 루터 킹(Martin Luther King, Jr.)은 미국 사회의

얼굴과 사고방식을 바꾸었다. 특별한 목표를 설정하고 그것에 온 정성을 쏟았기 때문에, 그는 자신을 따르는 사람들과 전 미국 시민들에게 "나에게는 꿈이 있습니다!"(I have a dream!)라는 구호를 외치며 감동을 전해 줄 수 있었다.

꿈은 항상 행동보다 앞서기 마련이며, 실제로 보면 행동을 유발시키는 동기를 제공한다. 꿈을 실현하기 위해 노력하는 것은 위험을 수반하는 경우도 있다. 1루 베이스에서 좀 멀리 떨어지지 않는 한 결코 2루 도루를 성공할 수 없는 법이다.

장 럭 안토니라는 프랑스의 암반스키 모험가의 예를 들어 보겠다. 그는 콜주루 돌계곡을 모노스키로 시속 98킬로미터를 돌파하는 세계기록을 세웠다. 돌더미들이 마치 공이 구르는 것 같은 작용을 하기 때문에 브레이크를 건다는 것은 불가능한 일이었다. 재치 있는 안토니는 정지하기 위해서 계곡 아래의 목표 지점에 벽 같은 판자를 세우고,

그것만을 바라보고 몸을 던졌다. 그는 이미 꿈이 이루어질 것이 확정된 것처럼 행동한 사람이었다.

다음 이야기는 꿈을 실현시키기 위해 다른 사람보다 한 발자국 앞서 나가는 것이 얼마나 중요한가를 잘 보여 주고 있다.

"눈송이의 무게를 가르쳐 줘." 쥐가 비둘기에게 물었다.

"눈송이보다 더 가벼운 것은 없어. 무게가 없다고 해도 좋아." 비둘기는 이렇게 대답했다.

쥐가 말했다. "그러면 내가 놀라운 이야기를 하나 해 주지. 난 전나무 줄기에서 그리 많이 떨어져 있지 않은 한 가지 위에 앉아 있었어. 그때 마치 꿈을 꾸는 듯이 눈이 부드럽게 내리기 시작했어. 바람도 한점 없었고, 아주 조용히 눈이 내렸어. 나는 별로 할 일이 없었기 때문에 눈송이가 잔가지나 내가 앉아 있는 가지 솔바늘 위에 내리는 것을 세어보았어. 너는 눈송이는 아무 무게가 없다고 했지만, 정확히 3,471,952개의 눈송이가 내리고 그 다음 번 눈송이가 떨어지자마자 가지가 꺾여버렸어." 들쥐는 그렇게 말하고는 어디론가 사라져 버렸다.

비둘기는 그 이야기를 한참 생각하더니 결국 다음과 같이 중얼거렸다. "이 세상에 평화와 부흥과 갱신을 가져오려면 이를 갈구하는 단 한 사람의 목소리만 더 있으면 되는 것이군."

부정적인 사고방식과 남을 질시하는 세상 속에서 사람들은 '너는 할 수 없어' 라는 말을 너무도 많이 듣는다. 하지만 이제 당신에게 전할 말이 하나 있다.

"당신은 할 수 있다!"

자녀들을 양육하는 부모가 명심해야 할 생활의 원리 가운데 하나는 꿈을 가지는 것이다. (당신이 먼저 모범을 보여야 하는 사람임을 잊지 말아라.) 지금 당신의 자녀가 하나님을 신뢰하도록 도와 주어라. 그들이 머뭇거린다면, 흥미진진한 인생 게임에 다시 돌아올 수 있도록 도와 주어라. 그들 또래 아이들보다 더 넓은 시각을 가지도록 도와 주고, 때에 알맞은 일을 할 수 있도록 도와 주어라. 한마디로, 자녀들로 하여금 꿈을 가지도록 가르쳐라!

시온에서 나팔을 불고 하나님의 거룩한 산에서 경종을 울려 이 땅에 사는 모든 사람들을 떨게 하라. 여호와의 심판날이 다가오고 있다 …누구든지 나 여호와의 이름을 부르는 사람은 구원을 받을 것이다. 내가 말한 대로 시온산과 예루살렘에서 피할 자가 있을 것이며 살아 남은 사람 중에 나의 부름을 받을 자가 있을 것이다(욜 2:1-32).

powerpoint

자녀가 미래에 대한 꿈을 꾸게 만드는 말을 해 주십시오. 그 꿈이 현실로 나타나기 위해서는 헌신이 필요합니다. 말을 뒷받침하는 행동은 그 말보다 더욱 큰 영향력을 끼칠 것입니다.

Chapter 16

두려움 극복

구 소련 인민의 운명을 마음대로 조종하고, 수백만 명의 생사를 주물렀던 독재자 조셉 스탈린은 이 지구상에 살았던 사람 중 가장 불행했던 사람이었다. 그는 일생 동안 두려움 때문에 몸이 마비될 지경이었으며, 누군가 자신에게 독약을 먹이거나 암살을 시도할지 모른다는 공포에 떨며 살아야만 했다. 크렘린 궁에는 8개의 침실이 따로 있어서, 밤이 되면 그는 그 방을 다 잠그고 나서야 마치 자신의 생명을 은행 안전금고에다 저장해 놓은 것처럼 마음을 놓았다. 그것도 모자라서 행여 누군가 자신을 해치지 않을까 염려하여 매일 어느 방에서 잘 것인지 미리 정하지도 않고 살았다.

두려움은 가늠하기 힘들 정도로 한꺼번에 물밀듯이 찾아온다. 고맙게도 어떤 두려움은 목숨을 건져 주기도 한다. 속도를 내며 다가오는 차 앞에서 사람들은 두려움을 느끼고 보도 한쪽 구석으로 몸을 피한다. 하지만 지나친 두려움은 심각한 문제를 야기시키기도 한다.

사회과학자들은 두려움을 느끼게 되는 경우를 최소한 35가지 이상으로 구분하여 각각의 이름을 붙여 놓았다. 예를 들면 폐소(閉所) 공포증과 같은 경우도 그 중 하나이다.

두려움은 우리 주변에서 흔히 찾아볼 수 있는 실제적인 감정이며, 영혼의 원수가 당신을 사로잡기 위해 주로 사용하는 도구 중의 하나이다. 어떤 사람들은 두려움으로 인해 마치 자신이 감옥에 갇혀 있는 것같이 느끼기도 한다. 실패가 두려워 아무런 일도 하지 못하는 경우도 허다하다. 하지만 두려움은 정복될 수 있고, 또 정복되어야만 하는 적이다.

하나님의 관점에서 두려움을 극복하도록 하자.

"두려워 말라. 내가 너희와 함께 하리라!" 두려워 말라는 성경의 가르침은 하나님의 주된 메시지 가운데 하나이다. 어떤 사람이 성경에 '두려워하지 말라' 는 구절이 몇 번 나오는지 세어보았는데, 정확히 365번 나오는 것을 발견했다. 1년 365일, 매일매일 아무 두려움 없이 살라고 말씀하시는 것이다.

"놀라지 말라. 나는 네 하나님이 됨이니라!" 여기에서의 '놀라다' 라는 말의 히브리 원어는 재미있는 뜻을 지니고 있다. 히브리어로 '샤아 (shaah)' 라는 이 단어는 '당혹스럽거나 놀라서 주변을 두리번거리다' 는 뜻을 지니고 있다. 당신이 어떤 일이나 현상에 놀랐던 경험에 대해 말을 해보라. 그것이 바로 우리가 사는 21세기의 모습이다.

"내가 너를 굳세게 하리라. 참으로 너를 도와 주리라!" 그러한 도움과 힘이 필요한 사람이 누구인가? 우리 모두다 필요하다. 살기 힘든 세상, 고달픈 시절, 피곤에 지친 나날, 우울하기만 한 세월, 좋은 일 반 궂은 일 반인 세상을 살아가는 우리 모두에게 하나님께서는 이런 약속을 하셨던 것이다. 그 약속은 아직도 유효하다. '내가 너를 도와 주리라' 는 말씀보다 우리의 마음을 더 잘 위로해 주는 말씀은 찾아보기 힘들 것이다.

"참으로 나의 의로운 오른손으로 너를 붙들리라!" 절망에 빠져본 적이 있는가? 모든 것을 그만 포기해버리고 싶은 생각이 든 적이 있는가? 하지만 하나님의 약속을 좀 더 유심히 살펴보라. 오른손은 힘을 상징하고 있다. '하나님의 의로운 오른손' 이 나를 붙들어 주실 것이다. 이와 관련하여 "예수께서 아버지의 오른편에 앉아 계시더라"는 말씀을 기억하라. 하나님께서는 예수님을 통해 우리를 도우시려는 호의를 보이고 계신 것이다.

이것이 복음이다. 하나님은 여전히 살아 계시며, 여전히 하나님이시다! 당신의 인생에서 겪게 되는 두려운 일들을 헤쳐나가는 데 하나님의 도움을 청하라.

　프랑스의 루이 14세의 장례식 때, 대주교는 위대한 왕의 죽음에 애도를 표하며 울고 있는 사람들과 함께 서 있었다. 썩어버릴 왕의 유해를 담고 있는 크고 단단한 관을 단 하나의 촛불만이 밝히고 있는 것을 보고서 대주교의 안색은 어두워졌다. 시간이 되자 궁정 설교자인 마실리온은 모인 사람들에게 메시지를 전하기 위해 단에 올랐다. 그는 일어서서 강단에서 나와 이미 죽어버린 왕의 위대함을 상징적으로 나타내며 그 자리를 지키고 있는 듯이 보이는 촛불 하나마저 훅 불어 꺼버렸다. 그리고는 어둠 속에서 '하나님만이 위대하시다!' 라는 장례설교를 하였다. 우리는 모두 하나님의 자녀들이며, 우리가 진정 의지할 분은 바로 하나님이시라는 말씀이 회중의 가슴속을 파고 들었다.

　자녀에게 두려움은 다양한 양태를 띠고 나타난다. 어떤 아이는 밤에 침대 밑에 도깨비가 있다고 생각하는가 하면,

요란한 소리를 내는 천둥을 두려워하는 아이도 있고, 자신에게 위협을 가하는 또래 아이를 두려워하는 경우도 있다. 두려움이 어떤 형태로 나타나든 간에 우리는 아이들이 그 두려움 속에서 하나님을 신뢰함으로써 두려움을 물리칠 수 있도록 도와 주어야 한다.

여호와께서 말씀하신다. '섬들아, 내 앞에서 잠잠하라. 너희 민족들아, 새 힘을 얻어라, 가까이 나아와서 말하라. 법정에서 함께 시비를 가려 보자…이 모든 신들은 다 쓸모가 없으며 그들은 아무것도 할 수 없으니 이런 우상들은 바람처럼 공허할 뿐이다(사 41:1-29).

powerpoint

아이들이 "아빠, 무서워요!"라고 말할 때가 있다는 것을 명심하고 이에 대비해야 합니다. 그럴 때 아이들에게 무슨 말을 하시겠습니까? 당신에게도 그러한 두려움이 있었던 때가 있었는데, 하나님의 도우심으로 이를 극복하였다는 것을 아이들에게 깨우쳐 주십시오.

어린이를 불행하게 하는 가장 확실한 방법은
원하는 것을 언제든지 손에 넣을 수 있게
내버려 두는 것이다.
루소

Chapter 17

"시작합시다!"

"우리는 이 위기에서 벗어날 수 없다고 봅니다. 저는 이제 믿음을 갖고 저 악당들에게 가겠습니다."

이 말은 토드 비머가 한 말이다. 그는 누구인가? 그는 2001년 9월 11일, 공중납치된 유나이티드 항공 93편 비행기가 펜실베니아의 노지에 처박혔을 때, 바로 그 항공기에 타고 있었던 승객 중의 한 명이었다. 토드와 그와 함께 탄 승객들은 그 비극적인 날과 함께 우리의 가슴속에 영원히 사라지지 않을 것이다. 토드는 휘튼 대학을 졸업한 신실한 크리스천으로서 두 아이의 아버지였다. 그날 토드와 승객들이 얼마나 용감한 행동을 보였는지는 전세계에 알려졌다.

시간이 지나 조종실에 있던 녹음기록을 재생함으로써 우리는 당시의 상황을 보다 자세하게 알 수 있게 되었다. '93편 항공기의 진실'이라는 제목의 〈뉴스위크〉지 기사에 그 자세한 상황이 나와 있다. 우리는 토드의 용감한 행동이 예수 그리스도를 믿는 신앙에 의해 가능했다는 것을 알게 되었다.

"토드는 두려움에 사로잡혔습니다." 〈뉴스위크〉지는 이렇게 기술하고 있다. "그는 몇 번이고 주님께 도와 달라고 외쳤습니다."

승객들이 항공기의 뒤쪽으로 몰리게 된 후 비머는 일리노이주 오크브루크에 있는 GTE 고객센터에 휴대폰으로 전화를 걸었다. 그는 리자 제퍼슨 현장감독관에게 항공기가 공중납치된 것과 승객들이 테러범들을 덮치려는 계획을 세우고 있다고 말했다. 그리고 그녀에게 자신을 위해 기도해 달라고 부탁하였다.

〈뉴스위크〉지가 말하는 바와 같이, 비머는 자신이 읽고 있는 톰 클랜시의 소설책 사이에 주기도문이 적힌 책갈피를 들고 있었다. 그는 더 이상 주저할 수 없었다. 그는 오랜 세월 동안 사람들의 사랑을 받아온 주기도문으로 기도하기 시작했고 제퍼슨도 함께 따라 기도했다.

"하늘에 계신 우리 아버지여, 이름이 거룩히 여김을 받으시오며…."

기도를 마치고서 비머는 "주님…, 저를 도우소서"라고 덧붙였다.

그 후 비머와 동료 승객들은 수세기를 거쳐 사람들을 위로했던 기도, 다윗이 큰 곤경에 빠졌을 때 하나님께 드린 기도를 드렸다.

"여호와는 나의 목자시니, 내가 부족함이 없으리로다… 내가 사망의 음침한 골짜기로 다닐지라도 해를 두려워하지 않을 것은…."

그리고 나서 비머는 다음과 같은 유명한 말을 마지막으로 남겼다. "사, 여러분 준비됐지요? 시작합시다!"

조종실에 있던 녹음기록을 통해 우리는 비머와 다른 승객들이 납치범들에게 달려들어 몸싸움을 벌인 결과, 비행기는 펜실베니아의 노지에 처박히게 되었다는 진실을 알게 되었다. 그들의 희생이 없었다면 납치범들은 93편 항공기를 분명히 국회의사당이나 백악관으로 몰고 갔을 것이다.

우리는 그리스도인이기에 하나님께서 악을 선으로 바꾸실 수 있음을 알고 있다. 토드 비머는 이 땅에서 남은 마지막 몇 분 동안 이 땅에 살고 있는 사람들에게 극한을 달리는 두려움을 극복하는 신앙인의 모습을 보여 주었다. 바로 이 신앙이 토드의 아내와 두 아들에게 큰 위로가 되었다.

리자 비머는 NBC 데이트라인에서 다음과 같이 말했다. "주기도문에서는 우리에게 죄를 지은 사람들을 우리가 용서해 주는 것과 같이 우리의 죄를 사해 달라고 하나님께 간구합니다." 토드는 바로 이 기도를 그가 이 땅에 살아 있던 마지막 몇 분 간에 드렸던 것이다. 리자의 말을 계속 들어보자. "토드는 지상에서 가장 끔찍한 일을 저지르고 있는 테러범들을 용서해 달라고 기도하고 있었던 것입니다."

테러범들과 싸우는 일은 사실 토드 비머가 할 일이 아니었다. 다른 승객들도 마찬가지였다. 그러나 그들은 자신들이 하지 않아도 될 일을 용감하게 했다. 그들은 조국을 향해 저질러지고 있는 흉악한 범죄를 무산시키기 위해 한 몸을 바쳤던 것이다.

93편 항공기가 파국을 향해 치닫고 있을 때, 토드는 자신이 조용히 드린 기도가 결국 수백만의 사람들에게 전해지게 되고, 자신이 이 땅에서 마지막으로 보여 준 용감한 행동이 그가 사랑하고 섬겼던 예수님에 대한 강력한 증거가 되리라는 것을 전혀 예상치 못했다.

토드의 행동은 오늘날 우리 시대에 영웅이란 어떤 사람인지 잘 보여 주고 있다. 두려움에 맞서 그것을 극복하는 사람이 진짜 영웅이다! 토드의 용기 있는 행동은 그의 삶과 품성, 그리고 예수 그리스도와의 관계 속에서 자라난 것이었다.

　아이들은 영웅을 갈망한다. 그들은 만화 속에서 선한 주인공이 악인들을 무찌르는 것을 보며 좋아한다. 하지만 무엇보다 아버지가 아이들의 영웅이 되어야 한다. "우리 아빠가 너희 아빠보다 더 훌륭해"라고 아이들이 말할 수 있도록 우리가 본을 보여야 한다. 우리가 어려움에 직면할 때, 하나님께 나아가 그분의 힘을 의지함으로써 그 어려움을 극복하는 모습을 아이들에게 보여 주어야 한다. "시작합시다!"라는 말을 매일 우리들의 삶 속에서 아이들에게 보여 주도록 하자.

여호와는 나의 목자시니 내가 부족함이 없으리라. 그가 나를 푸른 풀밭에 쉬게 하시고 잔잔한 물가로 인도하시며 내 영혼을 소생시키시고 자기 이름을 위하여 나를 의로운 길로 인도하시는구나. 내가 죽음의 음산한 계곡을 걸어가도 두려워하지 않을 것은 주께서 나와 함께하심이라. 주의 지팡이와 막대기가 나를 지키시니 내가 안심하리라. 주께서 내 원수들이 보는 가운데 나를 위해 잔치를 베푸시고 나를 귀한 손님으로 맞아 주셨으니 내 잔이 넘치는구나. 주의 선하심과 한결같은 사랑이 평생에 나를 따를 것이니 내가 여호와의 집에서 영원히 살리라(시 23편).

powerpoint

극복이 불가능해 보이는 상황에 직면하였을 때, 용감하게 행동해야겠다는 결심을 언제 합니까? 경우에 따라 다를 것입니다. 하지만 그때의 용감한 행동은 매일매일의 상황 속에서 어떻게 살아가느냐에 따라 달리 나타나게 될 것입니다. 바로 지금 이 순간이 우리와 자녀들에게 다가올 미래를 준비해야 할 시간입니다.

왕이건 농부이건 자신의 가정에서 평화를 찾아낼 수 있는 사람이

가장 행복한 사람이다.

괴테

Chapter 18

참고 견디어라!

오늘날 특히 요구되는 덕목 중 하나가 인내이다. 우리의 기억 속에 인내라는 말은 참고 또 참으며, 승리를 얻기까지 진득하게 매달려 있는 것으로 각인되어 있다.

성경에서 '인내'라는 단어를 살펴보면, '절제에 인내를 더하라'(벧후 1:6)고 권고하는 구절에서 잘 나타나듯이, 우리가 하나님의 성품인 인내를 품도록 훈련해야 한다는 보다 큰 의미를 지니고 있다. 이 단어는 순교자의 내적 경향을 가장 잘 묘사하는 구절이다. 또 인내라는 말은 죄악으로 물들어 가는 이 세상이 대적해올 때, 이에 맞서는 견고한 정신적 태도를 가리키기도 한다. 그것은 크리스천의 확고한 정신과 태도, 줄 끝에 매달려 잠시 후면 떨어져 죽게 되는 경우에 부딪친다 하더라도 끝에 매듭을 짓고 그것에 의지하여 끝까지 매달리는 태도를 가리킨다.

성경에 나오는 갈렙에게서 이런 성품을 지닌 사람의 특성을 잘 찾을 수 있다. 나이 85세가 되어서 그가 남긴 승리의 연설은 정말 대단할 정도이다.

"보십시오. 내 나이 85세이지만 모세가 나를 정찰대원으로 보내던 40세 때와 마찬가지로 나는 지금도 여전히 건장하여 나다니는 것은 물론 출전하는 데도 아무런 지장이 없습니다! 그러므로 내가 정찰 보고를 하던 그 날에 여호와께서 나에게 약속하신 이 산간 지대를 나에게 주십시오."

나는 갈렙의 태도가 정말 마음에 든다. 그는 자신의 사회적 안전이나 흔들의자 같은 것을 구하지 않았다. 그는 거친 산에 올라가 적과 싸우는 것을 두려워하지 않았다. 이것이야말로 진정한 삶의 길이 아닌가!

이제 여기에 꼭 기억해야 할 삶의 원리를 기술한다.

1) 나이와 업적은 아무런 상관이 없다. 또 나이에 따라 헌신의 강도가 달라지는 것도 아니다.

2) 갈렙과 같은 도전정신을 갖고 살아가는 적극적이고 끈기 있는 생활태도의 기본은 하나님과 함께하는 삶에 있다.

3) 신념은 선택하기에 달려 있다.

이러한 생활원리에 덧붙여 다음과 같은 3가지 하지 말아야 할 일을 기억해 두라.

1) 사람들이 하는 대로 따라하려 하지 말아라.

2) 당신의 선택으로 인해 다른 사람에게 짐을 지우는 일을 하지 말아라.

3) 다른 사람이 당신의 의견에 따르지 않는다 하더라도 중도하차하지 말아라.

아이들이 아직 어리기 때문에 더 잘 알 필요가 없다거나 더 잘 할 필요가 없다고 생각하지 말아라. (이와 마찬가지로 당신이 너무 나이가 들었기 때문에 새로운 무엇을 배울 때가 지났다고 생각해서도 안 된다.) 아이들이 자신의 행동에 대한 책임을 지도록 가르쳐라. 아이들은 흔히 "다른 사람들도 다 그렇게 해요" 하고 변명을 하기도 한다. 이런 변명이 잘못된 것임을 가르쳐라. 혹시 자녀들의 또래 친구들이 크리스천의 생활 원리에 반하는 생각을 하고 있다면, 그 아이들도 올바른 도리로써 가르쳐야 한다.

하나님이 저들의 길을 인도하시고 굳게 붙잡아 보호하신다는 것을 이해하도록 자녀들을 돌보아 주라. 당신의 생활 속에 나타나는 행동을 통하여 자녀들의 꿈과 계획과 목표를 이루기 위해 어떻게 행동해야 하는가를 보여 주어라.

그러자 모든 백성이 밤새도록 통곡하고 모세와 아론을 원망하며 이렇게 말하였다. "우리가 이집트에서나 광야에서 죽었으면 좋았을 텐데!' …"내가 무서운 전염병으로 그들을 쳐서 죽이고 너를 통하여 그들보다 더 크고 강한 나라를 세우겠다"(민 14:1-12).

어느 날 유다 지파의 대표들이 길갈에 있는 여호수아에게 찾아왔다. 그 중에 그니스 사람 여분네의 아들 갈렙이 여호수아에게 이렇게 말하였다. "우리가 가데스 바네아에 있을 때 여호와께서 그의 종 모세에게 나와 당신에 관해서 하신 말씀을 당신도 잘 알고 있습니다." …헤브론의 옛 이름은 '기럇 아르바' 라고 불렀는데, 이 아르바는 아낙 사람 가운데서 가장 위대한 인물이었다. 이스라엘 백성이 정착하자 그 땅에 전쟁이 그쳤다(수 14:6-15).

powerpoint

오늘날 우리 사회는 돈으로 살 수 없는 사람을 원하고 있습니다. 그 사람의 말 자체가 신용이 되는 사람, 재물이 많은 것보다는 인품이 뛰어난 사람, 자신의 확실한 의견과 의지를 지니고 있는 사람, 자신이 하는 일보다 더 큰 일을 감당해 낼 수 있는 사람, 기회가 왔을 때 이를 놓치지 않고 활용할 수 있는 사람, 군중 속에 섞여 있으면서도 자신의 개성을 잃지 않는 사람, 한 번뿐인 인생에 있어서 최고, 최선의 가치를 구현하기 위해 불철주야 노력하는 사람을 원하고 있습니다. 자녀들이 다른 사람이 아닌 바로 당신에게서 이러한 원리들을 보게 되고, 그에 따라 자신을 키워가도록 도와 주십시오.

Chapter 19

하이테크 사회가 요구하는 것

들리는 바에 의하면, 최근에 열렸던 COMDEX(컴퓨터 엑스포)에서 빌 게이츠가 컴퓨터 산업과 자동차 산업을 비교하면서 다음과 같이 말했다고 한다. "만일 GM(제너럴 모터스)이 컴퓨터 산업 기술의 발전 속도와 같이 빠른 속도로 기술을 발전시켜 간다면 아마도 우리는 리터 당 400킬로미터를 달릴 수 있는 25달러 짜리 차를 몰고 다닐 수 있을 것입니다."

빌의 논평에 대해 GM은 언론보도용 자료를 배포하며 다음과 같은 발표를 했다.

"만일 GM이 마이크로소프트처럼 기술을 발전시켰다면, 우리는 다음에 열거하는 특징을 갖춘 차를 몰게 될 것이다.

A) 아무런 이유도 없이 하루에도 두 번씩 요란한 굉음을 내며 폭발할 것이다.

B) 매 시간마다 도로 위에서는 사고가 일어나고, 당신은 새 차를 사야 할 것이다.

C) 가끔씩 무료간선도로 위에서도 아무런 이유 없이 차가 멈추게 될 것이다. 그러면 차를 도로 갓길로 밀어서, 모든 창문을 닫고, 시동을 껐다가 다시 걸어야 하며, 정상적인 운전을 하기 위해서 다시 창문을 다 열어야 할 것이다. 당신은 영문도 알지 못하면서 이런 일을 그저 받아들여야 할 것이다. (이 반론은 MS가 개발한 운영체제인 MS Windows가 가끔 알 수 없는 이유로 시스템 다운 현상을 일으키는 것을 비꼬는 말이다 – 역자 주)

D) 간혹 좌회전을 하기 위해 핸들을 돌렸는데 시동이 멎어버리고 다시 시동이 걸리지 않는 일을 당할 것이다. 결국에는 엔진을 다시 설치하는 수밖에 없다.

E) 당신이 CarNT(MS의 Windows NT를 비꼬아 하는 말

임 − 역자 주)를 구입하지 않는 한, 한 번 운전할 때 꼭 한 사람만 탈 수 있을 뿐이다. 설혹 CarNT를 구입한다 하더라도 좌석을 따로 더 구입하지 않는다면 별 소용이 없다.

F) 맥킨토시가 썬(Sun, 컴퓨터 회사)의 도움을 받아 차를 만든다면, 운전하기에 좀 더 안전하고, 2배 정도 운전하기 쉬우며, 5배 정도 빠른 차를 만들 것이다. 하지만 도로 위를 달리는 전체 차량의 5% 정도 밖에 안 된다.

G) 연료의 양이나, 냉각수의 온도, 전원의 이상 유무 등을 알리는 경고등이 모두 다 '일반 보호 오류' 경고등으로 대체될 것이다.

H) 모든 사람에게 똑같은 규격품의 좌석만 공급될 것이다.

I) 에어백 시스템은 작동되기 이전에 항상 당신에게 '지금 작동할까요?' 라고 물을 것이다.

J) 가끔씩 당신은 영문도 모른 채, 차 안으로 들어가지도 못하고 밖에 서 있어야만 하는 경우도 생길 것이다. 도

어 핸들을 들어올리고 키를 꼽고, 동시에 라디오 안테나를 꼭 쥐지 않는 한 당신은 밖에 그냥 그대로 서 있게 될 것이다. (이 말은 MS의 Windows가 가끔 먹통의 되어서 CTRL+ALT+DELETE키를 동시에 눌러 재부팅하지 않으면 안 되는 경우를 비꼬는 말이다 – 역자 주)

K) GM은 차를 구입하는 모든 사람들에게, 아무리 차 구매자들이 그 세트를 구입할 필요가 없다 하더라도, 랜드 맥넬리 지도 세트를 구입하도록 요구할 것이다. (지금 이 지도 세트는 GM에 의해 무상 지급되고 있다.) 만일 이 선택사항을 채택하지 않는다면 차는 50% 정도밖에 성능을 발휘하지 못할 것이다. 게다가 GM은 공정거래법 위반 혐의로 당국의 조사 대상이 될 것이다.

L) GM이 새로운 기종의 차를 선보일 때마다 운전자들은 예전의 차에서는 제대로 작동하던 기능들이 더 이상 기능을 발휘하지 못하게 되기 때문에, 신 차의 운전 기술을 새로 습득해야 할 것이다.

M) 엔진을 끄려면 '시작' 버튼을 누르는 해괴한 일을 계

속해야만 할 것이다."
– 작자 미상

　우리의 삶에도 딱 들어맞는 충고가 아닌가! 이것은 재미있는 언어 유희에 불과할지 모르지만, 하이테크 세상을 살아가는 기술을 다 익히지 못한 아빠 세대의 사람들에게 위안이 될 수 있는 말들이다.

　우리가 살고 있는 하이테크 사회가 진정으로 꼭 필요로 하는 것이 있다면, 그것은 사랑이다! 우리 사회는 너무나 빠른 속도로 고립화되어 가고 있다. 가정용 오락기구와 재택근무용 장비와 개인용 컴퓨터, 손바닥에 쥘 정도 크기의 단말기(핸드폰이나 PDA 등)나 팩스 등과 같은 제품이 상당히 많이 팔리고 있다. 이 도구들이 인간의 생활을 보다 편리하게 해 주는 측면도 있지만, 다른 한편으로는 사람과 사람간의 직접적인 인간관계를 더욱 소외시키는 경향이 있다. 이런 것들이 정말 우리에게 필요한 것일까?

　존 나이스빗은 이렇게 말했다.

"오늘날은 그 어느 때보다도 다른 사람들과의 인간관계가 필요한 시대다. 우리는 기술의 놀라운 발전과 인간이라면 마땅히 지니고 있는 영적인 측면의 조화를 이루는 법을 터득해야만 한다."

우리는 인류 역사상 참으로 새롭고도 생소한 시대로 접어들었다. 하이테크 사회는 보다 더 긴밀한 사람 상호간의 인간관계를 필요로 하고 있다. 특히 가족을 향한 우리의 관계에는 보다 따뜻한 마음으로 어루만져 주는 것과 사랑과 접촉이 필요하다!

사랑은 오래 참고 친절하며 질투하지 않고 자랑하지 않으며 잘난 체하지 않습니다. 사랑은 버릇없이 행동하지 않고 이기적이거나 성내지 않으며 악한 것을 생각하지 않습니다. 사랑은 불의를 기뻐하지 않고 진리와 함께 기뻐합니다. 사랑은 모든 것을 참으며 모든 것을 믿으며 모든 것을 바라고 모든 것을 견딥니다(고전 13:4-7).

powerpoint

우리 사회는 점점 비인격화 시대로 급속하게 나아가고 있습니다. 따라서 사람 상호간의 인간관계가 무엇보다도 절실히 요구되는 시대가 되고 있습니다. 역사상 그 어느 때보다도 우리가 살고 있는 이 시대는 사람 상호간의 유대관계를 더욱 필요로 하고 있습니다. 그래서 하이테크 사회를 살아가는 아버지는 인정이 풍부한 사람이 되어야 할 필요가 커졌습니다. 하나님의 도우심을 힘입어 당신은 그 일을 할 수 있습니다.

형과 나는 아빠와 함께 잔디밭에서

뛰어놀곤 했다.

그러면 엄마는 "잔디 다 상하겠다"고

걱정했다.

그 때마다 아빠는 엄마에게 이렇게 대답했다.

"우리는 잔디가 아니라 아이들을

키우고 있어요."

– 허먼 킬러브러

Chapter 20

친절함을 심어라

지금 소개하려는 사건은 프레드릭 이글러가 제2차 세계대전 당시 전투기 조종사로 참전했을 당시 경험담이다.

그와 동료가 막 두 번째 폭격을 가하고 나서 세 번째 폭격을 시도하려던 순간 그의 비행기가 그만 격추되고 말았다. 그는 낙하산으로 탈출을 시도할 수 있었지만 그만 낙하산이 나무에 걸려 꼼짝못하게 되고 말았다. 이글러는 비행기가 불타는 것과 일본 병사들이 자신을 잡으려고 몰려오고 있는 것을 그저 바라보기만 할 뿐이었다. 낙하산을 벗어나려고 무진 애를 쓰던 그는 결국 간이도구함에서 칼을 꺼내 낙하산 줄을 끊었다. 하지만 지면과의 높이가 10미터나 되었기 때문에 땅에 떨어지면서 팔과 다리가 부러

져 곧 붙잡히게 되었다. "그들이 나를 잡아 감옥에 가두었을 때 제게는 소망이 없었습니다."

일본군은 그를 방콕의 한 죄수 병원에 가두고, 팔과 다리에는 깁스를 했다. 얼마 지나지 않아 그는 한 일본인 병사가 창문을 통해 자신을 지켜보고 있으며 일거수 일투족을 체크하고 있는 것을 눈치챘다. 이글러는 이를 불편하게 여겼고, 간호병에게 창문을 닫아 달라고 부탁했다. 하지만 다음 날이 되자 그 병사가 이번에는 '손을 등 뒤에 둔 채' 문 앞에 나타났다. 그리고는 자기에게 다가왔다. 이글러는 겁이 났다.

잠시 동안 그 병사는 거기에 서 있었다. 그리고는 갑자기 왼손을 내밀더니 깨끗한 수건 하나와 비누 두 개를 침대에 떨어뜨려 놓았다. "빨리 숨겨요." 그는 이렇게 속삭이고는 방에서 사라졌다.

그 후로도 가끔 그 일본인 병사가 나타나 이것저것 가져다 주었고, 먹을 것도 갖다 주었다. 이글러는 왜 이런 특별

대우를 하는지 그 이유를 물어보았다. 서툰 영어로 그 병
사가 한 대답은 이러했다.

"내가 어렸을 때, 한 번은 크리스마스가 되자 미국에 있
는 이름도 알지 못하는 어린아이들이 내게 예쁜 인형을 보
내 주었습니다. (제1차 세계대전 이후 전세계에 흩어진 청
소년들 사이의 우의를 다지기 위한 인형선물교환 행사가
꽤 국제적인 규모로 벌어졌었다.) 나는 그때 큰 감명을 받
았습니다. 그 후 나는 내가 살던 지역의 교회에 출석하게
되었습니다. 그런데 얼마 전에 미국인 한 명이 병원에 들
어와 있다는 말을 듣게 되었습니다. 창문 너머로 엿보았더
니 깨끗한 타올이나 비누가 없다는 것을 알게 되었습니다.
내게 인형을 선물로 보낸 미국의 아이들에게 무엇인가 보
답해야겠다는 생각이 들었지요. 그래서 당신에게 필요한
물건 몇 가지를 가져왔고, 그런 방식으로 크리스천의 소임
을 할 수 있었다고 생각합니다."

비록 상황은 달라졌지만, 이 얼마나 놀라운 일인가? 한

사람이 친절한 행동을 보이면 다른 사람이 그에 대한 열매를 거두게 된다.

아버지로서 우리는 마땅히 가족에게 친절한 행동을 보여야 한다. 성경은 아버지에게 자녀를 노엽게 하지 말고 오직 주의 교양과 훈계로 양육하라고 가르친다.

헨리에타 미어즈는 다음과 같이 말했다.

"뜨거운 열정이나 웅변, 혹은 깊은 학문보다는 친절한 행동이 죄인을 회심시킨 경우가 훨씬 더 많다."

오늘날과 같이 거칠고, 가치관이 붕괴되었고, 인정사정 없이 사람을 죽이며, 또 서로 속이기를 서슴지 않는 세상 속에서 사람들은 친절의 미덕을 갖추려 하지 않는다. 치열한 생존경쟁 사회 속에서 그 누가 친절하고 상냥한 행동을 보이려 하겠는가? 어떠한 경우에도 꼭 1등을 차지해야만 한다고 온 세상이 떠들어대고 있을 때, 누가 다른 사람에 대한 배려를 하려 하겠는가?

먼저 단어의 뜻을 바로 정립하자. 친절은 약점이거나 무기력한 사람이 저지르는 행동이 결코 아니다. 또 그것은 진리에 대한 적절한 타협도 아니다. 친절은 악에 무릎 꿇지 않는다. 친절은 당신이 다른 사람보다 커 보이기 위해 그 사람을 때려눕히는 것이 아니라 오히려 타인을 배려하고 염려해 주는 태도이다. 예수 그리스도야말로 바로 그러한 친절의 큰 본을 우리에게 보이셨다.

서로 친절하게 대하고 불쌍히 여기며 하나님이 그리스도 안에서
여러분을 용서하신 것같이 서로 용서하십시오(엡 4:32).

powerpoint

예수님이 베푸신 친절한 행동으로 인하여 이 세상이 어떻게 변하게 되었는지 잠시 생각해보도록 하십시오. 예수님이 살아 계실 당시에는 병원이나 부랑자 숙식소, 고아원 같은 사회구제기관이 없었고, 가난한 사람들에 대한 배려도 없었습니다. 기독교가 전파되는 곳마다 그리스도의 제자들은 이웃에 대한 친절한 행동을 직접 보여왔습니다. 당신의 가족이 매주 한 번씩이라도 친절을 베푸는 행동을 정례화한다면 자녀에게 어떤 영향을 미치게 될까요?

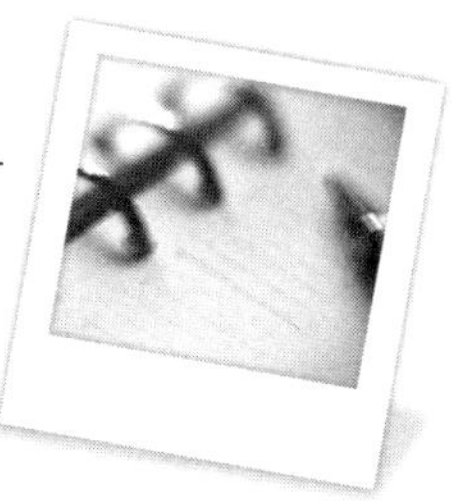

Chapter 21

목표를 향해 전진하라

뉴욕의 대규모 컴퓨터 도매 회사의 CEO(최고경영자)인 한 신사가 어느 날 아침 자신의 사무실로 가기 위해 지하철을 탔다. 그는 하루 종일 컴퓨터 관련 업무에 매달려야 했기 때문에 출근시간을 이용해서 〈월스트리트 저널〉을 바삐 읽어갔다.

신문을 한 장 넘겼을 때, 그는 지하철 안에 뉴욕 북부에 있는 작은 도시에서 하드웨어 대리점을 하고 있으며, 그의 회사와도 오랫동안 관계를 맺고 있는 사람이 있는 것을 보게 되었다. 그가 그 사람의 이름을 부르려고 했을 때, 그 사람은 군중들 틈으로 몰려가 의도적으로 티켓을 끊지 않고 지하철을 빠져나가 버렸다.

그는 사무실에 도착하자마자 즉각 거래처 신용 담당자를 사무실로 불러서 아침에 지하철에서 보았던 그 하드웨어 딜러가 자신의 회사에 물어야 할 돈이 얼마나 있는지 물어보았다. 신용 담당자는 "정확한 금액은 모르겠습니다. 알아보겠습니다"라고 대답했다.

"즉각 알아보고 내게 알려 주게" 하고 말했다.

신용 담당자는 약 20분 후에 돌아와 말했다. "우리가 받아야 할 어음이 정확하게 138,793.92달러입니다."

"어음을 전부 회수하고, 오늘부터 더 이상 어음을 끊어 주지 말도록 하게." 그가 말했다.

"왜 그러십니까? 그 사람은 저희 회사 우수 고객 중 한 사람입니다. 나무랄 데 없는 신용상태를 지속해 온 사람입니다."

"나도 알고 있네. 하지만 이제는 내 마음이 바뀌었어."

이렇게 말하고 그는 지하철에서 보았던 사소한 사건에 대해 설명하기 시작했다. 그는 깊은 숨을 내쉬고는 슬픈 표정을 지으며 말했다. "그 정도의 인품을 지닌 사람이라면 결코 오래 가지 못할 걸세. 내 말을 잘 기억하게. 아마 그 사람과 그가 하는 사업에는 큰 풍파가 일어나게 될 걸세."

그의 말은 너무나도 정확하게 들어맞았다. 1년 후 그 북부 지방 대리점은 파산을 신청하였고, 그와 관련을 맺고 있던 사람들도 함께 파산하고 말았다.

인생이란 성품을 닦아가는 사업과 같은 것이다. 가치 있는 것들은 좋은 성품의 토대 위에 세워져야 한다. 좋은 성품으로 굳건한 토대를 세우지 않은 집은 움직이는 모래 위에 세워 놓은 것과 같아서 결국에는 무너져버리고 만다. 예수 그리스도는 우리에게 지혜로운 사람과 같이 집을 지으라고 말씀하셨고, 인생의 자그마한 일이라도 주의를 소홀히 하지 말아야 한다고 가르치셨다.

어느 겨울날 눈이 사방을 덮어버리게 되었을 때, 한 아버지가 아들과 함께 길을 걷고 있었다. 작은 언덕 위에 서 있는 큰 나무를 멀리서 바라보며 아버지는 아들에게 말했다. "저기 있는 나무까지 우리 경주할까? 하지만 그 전에 알아둬야 할 게 있어. 이건 누가 먼저 저 나무에 도착하는지가 아니라 눈 속에서 누가 저 나무까지 더 똑바른 길을 만드는지 경주하는 거야."

아빠는 발이 길기 때문에 오히려 나무가 있는 곳까지 곧게 가지는 못할 것이라고 생각한 아들은 아빠의 제의를 받아들였다. 아들은 나무 있는 곳까지 아빠보다 더 똑바로 걸어가리라고 마음속으로 다짐하였다. 아들은 발을 뗄 때마다 자신의 길이 비뚤어지지나 않았는지 발자국을 살펴보며 조심스럽게 걸어갔다. 그가 나무에 도착했을 때 아빠는 이미 그 곳에 도착해 있었다. 아들은 기대감에 부푼 채 뒤를 돌아보았다. 그러나 그 기대감은 곧바로 무너지고 말았다. 아빠가 만든 길이 자기가 만든 길보다 더 곧았기 때문이다.

당신도 알겠지만, 아버지는 아들이 알지 못하고 있는 것을 알고 있었다. 길을 똑바로 걸어가는 가장 좋은 방법은

당신이 서 있는 곳 주변에 시선을 집중하는 것이 아니라
목표를 향하여 시선을 집중시키는 것이라는 사실이다.

아버지는 이 경주를 통해 아들에게 인생의 교훈을 일러
주었다.

"얘야, 인생을 살아갈 때 네 발 주위를 살펴보는 것도 필
요하단다. 하지만 더 중요한 것은 시선을 목표에서 떼지
말아야 한다는 것이다. 그래야만 똑바른 길을 걸어갈 수
있는 거란다. 아무리 작은 걸음이라도 소중하지 않은 것이
없단다. 너는 항상 너의 최종 목표가 하늘에 있음을 일깨
워 주시는 하나님을 바라보며 살아야 한단다."

너는 앞만 바라보고 시선을 다른 곳으로 돌리지 말며(잠 4:25). 

powerpoint

사소한 일이라 하더라도 무시해서는 안 됩니다. 사소한 일에 대한 태도가 당신의 라이프 스타일을 결정지을 것입니다. 당신은 어떠한 목표를 두고 가족을 이끌어가고 계십니까? 가족이 믿고 따라올 수 있는 올바른 길을 걸어가고 있습니까?

Chapter 22
깨끗한 마무리

10월 20일 오후 7시, 멕시코 시의 올림픽 경기장에는 어둠이 찾아오고 있었고, 벌써 쌀쌀한 기운이 피부에 느껴졌다. 올림픽 마라톤 주자 중 뒤늦게 도착한 선수들이 응급 조치를 받고 있었다. 이미 한 시간 전에 에디오피아의 마모 웰데가 42.195킬로미터의 거리를 시종일관 처음 출발할 때와 마찬가지로 힘차게 질주하면서 결승점에 들어와 우승 테이프를 끊었다. 남아 있던 수천 명의 관중들이 이제 서서히 떠나기 시작할 때, 경찰의 사이렌 소리와 호각 소리가 경기장 문에서 들려왔다.

남아 있던 관중들의 눈길이 일제히 문 쪽으로 향했을 때, 탄자니아 국기 옷을 입은 키가 좀 커 보이는 선수 한

명이 보기에도 애처롭게 절뚝거리며 운동장 안으로 들어
오고 있었다. 그의 이름은 존 스티븐 아콰리였고, 마지막
마라톤 주자였다. 그의 다리에는 붕대가 감겨 있었다. 경
주가 시작된 지 얼마 지나지 않아 심하게 넘어져서 부상을
당한 것이었다. 상처가 심해서 계속 피가 흐르고 있었다.
그는 최후의 힘을 다해 다리를 절뚝거리며 운동장을 한 바
퀴 돌았다. 관중들은 일제히 기립하여 그의 완주에 격려의
박수를 보냈다. 결국 그가 결승점을 통과했을 때 한 신문
기자가 관중들이 모두 궁금해하던 질문을 던졌다. "상처
를 입으셨군요? 왜 경기를 포기하지 않으셨습니까?"

아콰리는 조용하고도 위엄 있게 말했다.

"조국이 7천 마일이나 되는 이 먼 곳으로 나를 보낸 것
은 경기의 시작을 위해서가 아니라 마지막을 위해서였습
니다."

포기하지 않는 것이 왜 그토록 중요한가? 왜냐하면 그
것은 불굴의 정신을 통해 당신의 인생과 직업과 가족과 아

버지로서의 가족관계와 이미 지나가 버린 일들의 색깔마저도 결정지을 수 있기 때문이다.

프랑 타켄톤을 기억하는가? 그는 미축구연맹 사상 가장 어시스트를 잘 했던 사람으로 꼽힌다. 그는 마리노가 기록을 경신하기까지 가장 멀리까지 공을 던졌고, 터치다운 점수를 가장 많이 기록했으며, 미식 축구 역사상 쿼터백의 자리에서 그 누구보다도 더 많이 필드를 뛰어다닌 선수였다. 그런데 오늘날 그는 어떤 선수로 기억되고 있는가? 그는 훌륭한 쿼터백이었지만, 슈퍼볼 대회에서 쿼터백을 맡을 때마다 그가 소속된 미네소타 바이킹 팀이 경기에 졌기 때문에 실패한 선수로 기억에 남아 있다. 하지만 그와 존 엘웨이 선수를 비교해 보라. 존 엘웨이는 슈퍼볼 챔피언십을 연달아 석권하고서 최고의 영광스런 자리에 있을 때 은퇴했기 때문에 가장 훌륭한 쿼터백으로 기억에 남을 수 있었다.

인생의 시작도 중요하지만, 아버지로서 당신이 잊지 말

아야 할 것은 당신이 어떻게 끝맺음을 하느냐에 따라 자녀들에게 달리 기억될 것이라는 점이다. 사실 인생이란 단지 몇 초만에 100미터를 뛰어야만 하는 단거리 여정이 아니다. 길고도 긴 마라톤과 같은 것이다.

성경은 우리 모두에게 인내하라고 가르친다. 처음에 출발은 잘 하고 중도에 포기하는 사람에게 주어질 영광이나 상급은 없다. 인내가 필요하다.

아버지여, 포기하지 말아라. 멈추지도 말아라. 상황이 조금 어렵게 되어간다고 주저앉지 말아라. 목표를 세우고, 그 목표를 바라보고, 계속 전진하라. 세월이 흘러갈수록 바른 방법으로 올바른 일을 하라. 한 발자국씩 전진해 나가라. 계속 전진하라. 이 땅 위에서 봉급날이 금요일에만 있는 것은 아니며(미국 사회에서는 대체로 금요일에 급여가 지급된다-역자 주) 언젠가는 우리의 노력에 대한 결산이 있을 것이라는 점은 확실하다.

맡겨진 일을 잘 수행해냈을 때 받는 보답이란 그 가치를 측정할 수 없을 정도로 귀한 것이다. 당신의 자녀가 학위를 받기 위해 강단으로 걸어가는 것을 보게 될 때, 딸의 손을 잡고 결혼식장을 걸어가 믿음직스런 사위에게 딸의 손을 건네 주게 될 때, 할아버지가 되어 당신이 자녀들에게 심어 준 삶의 교훈들이 다음 세대에도 뿌리내리는 것을 보게 될 때, 그 가치는 정말 헤아릴 수 없다. 그처럼 만족스러운 순간이 이 땅 위에서 또 있을 것인가! 하지만 아마도 이 모든 것보다 더 중요한 것은 당신이 죽어서 만왕의 왕이신 분 앞에 서게 되었을 때, 예수 그리스도께서 다음과 같이 말하는 것을 듣는 순간일 것이다.

"잘 하였도다 착하고 충성된 종아. 네가 작은 일에 충성하였으매 내가 많은 것으로 네게 맡기리니 네 주인의 즐거움에 참예할지어다!"

두려운 일이다! 어떻게 우리의 인생을 끝맺을 것인가? 영광스러운 가운데 종지부를 찍게 되기를 충심으로 바란다.

양들의 큰 목자가 되신 주 예수님을 영원한 계약의 피로 죽은 사람들 가운데서 다시 살리신 분은 평화의 하나님이십니다. 바로 이 하나님이 여러분에게 온갖 선한 것을 공급해 주셔서 자기 뜻을 행하게 하시고 예수 그리스도를 통해 그분이 기뻐하시는 일을 우리 안에서 하시기를 바랍니다. 하나님께 길이길이 영광이 있기를 바랍니다. 아멘(히 13:20, 21).

powerpoint

이 책의 끝까지 저와 함께 오신 아버지들께 감사의 말씀을 드리고 싶습니다. 한 가지 소원이 있다면 당신이 이 책을 통해 인생과 아버지의 역할에 대해 무엇인가를 배웠으면 하는 것입니다. 하지만 이 세상의 지식이라는 것은 생활 속에서 구현되지 않으면 아무런 쓸모도 없는 것입니다. 무엇보다도 세상의 그 누구도 아버지로서의 당신의 역할을 대신할 수 없다는 점에 당신이 아버지의 역할을 충실히 감당해야 할 이유가 있습니다. 하나님께서 당신의 나머지 인생길 위에 큰 축복을 내리시기를 기원합니다.

사교클럽이나 멋진 차, 보트,
재산 등이 풍족하더라도
자녀에게 전해 줄 수 있는 가장 큰 유산은
당신이 직접 몸으로 보여 주는 본이다.

베리 스필척

존경하는 아버지

저는 때때로 일을 멈추고
아버지를 생각하곤 합니다.
아버지께서 제게 가르쳐 주신 많은 교훈들,
그리고 아버지와 함께 했던 수많은 일들…
그래서 저는 진심으로 아버지께 말씀드리고 싶습니다.
아버지께서 제게 얼마나 큰 존재이신지를…

아버지께서는 힘과 용기와 웃음,
그리고 강하고 자유로운 정신을 가지셨습니다.

하나님께서 아버지를 안전하게 지키시고
보호해 주시기를 기도합니다.

아버지를 너무나 사랑하며 존경합니다.
아버지를 향한 제 사랑이 늘 함께한다는 것을
아버지도 아셨으면 좋겠습니다.

-에나 루이스

망망한 바다 한가운데서 배 한 척이
침몰하게 되었습니다.
모두들 구명보트에 옮겨 탔지만
한 사람이 보이지 않았습니다.
절박한 표정으로 안절부절 못하던 성난 무리 앞에
급히 달려 나온 그 선원이
꼭 쥐고 있던 손바닥을 펴 보이며 말했습니다.
"모두들 나침반을 잊고 나왔기에 … "
분명, 나침반이 없었다면 그들은 끝없이 바다 위를
표류할 수밖에 없을 것입니다.

삶의 바다를 항해하는 모든 이들을 위하여
우리는 그 나침반의 역할을 하고 싶습니다.
우리를 구원하신 아름다운 주님을
21세기 문명의 이기(利器)를 통하여
널리 전하고 싶습니다.

우리 나침반 가족은
구원의 복음과 진리의 말씀을 전하며
당신의 믿음 성장과 삶을, 가정을, 증거를,
그리고 당신의 세계를 돕고 싶습니다.

그리스도 안에서
우리는 당신을 진실로 사랑합니다.

"하나님은 모든 사람이 구원을 받으며
진리를 아는 데 이르기를 원하시느니라."
(디모데전서 2장 4절)

나무를 든든하게 심는 **멋진 아빠**

지 은 이 ㅣ 로버트 스트랜드
옮 긴 이 ㅣ 박동환
발 행 인 ㅣ 김용호
발 행 처 ㅣ 나침반출판사

제 3판발행 ㅣ 2007년 5월 5일

등   록 ㅣ 1980년 3월 18일 / 제 2-32호
주   소 ㅣ 110-616 서울 광화문 사서함 1641호
전   화 ㅣ 본 사 (02)2279-6321~3
             영업부 (031)932-3205
팩   스 ㅣ 본 사 (02)2275-6003
             영업부 (031)932-3207

홈 페 이 지 ㅣ **www.nabook.net**
이 메 일 ㅣ navan@chol.com
             nabook@nabook.net

ISBN 89-318-1293-0
책번호 바-1021

값은 뒷표지에 있습니다.

나침반출판사는 우리를 구원하신 아름다운 주님을
21세기 문명의 이기(利器)를 통하여 널리 전하고 싶습니다.

그 안에 있으면
우리는 모두
행복합니다